AV女優、のち

安田理央

角川新書

目次

episode 01

みひろ

Mihiro

今がいいから、後悔しない

Profile

みひろ●1982年5月19日、新潟県に生まれる。2002年にヘアヌード写真集『夢追いかけて』でデビューし、お菓子系アイドルとして注目を浴びる。05年にAVデビューする際は、アリスJAPANとマックス・エーの二社専属で24本という破格の大型契約を結び話題に。10年に引退するまで約70本の作品に出演し、トップクラスのAV女優として人気を博した。AV女優時代から女優としての活動も行っていたが、引退後はその才能が一気に開花。テレビドラマ、映画、舞台などを活動の中心としつつ、バラエティ番組などでも活躍している

ＡＶ女優という職業を憧れの職業にした存在

ＡＶ女優に憧《あこが》れて、ＡＶ女優になる――。

そんなことは、ひと昔前では考えられなかった。なぜならば、ＡＶ女優という仕事はお金のためにやる、あるいは騙《だま》されてやるような仕事だと思われていたからだ。今でもそう思っている人も少なくないだろう。

しかし、ここ10年ほど新人のＡＶ女優にインタビューしていると異変を感じる。この仕事をやろうと思ったきっかけを尋ねると、かなりの確率で「○○ちゃんに憧れて」という答えが返ってくる。○○には、憧れのＡＶ女優の名前が入るのだ。なかには、サイン会をはじめとするＡＶ女優のイベントに通っていたという熱心なファンの子までいる。

彼女たちは口を揃えて、「ＡＶ女優って、可愛くて華やかな女の子じゃないとできないと思っていたから、わたしなんかとてもダメだと考えていたんです」と言う。

ＡＶ女優は、女の子にとっての〝憧れの職業〟となっているのだ。

そうした風潮が生まれたきっかけとして挙げられるのが、２００８年に結成された恵比《えび》寿《す》マスカッツというグループの存在である。

恵比寿マスカッツは、08年4月からテレビ東京系で放送された深夜バラエティ番組『おねがい！マスカット』の出演者によるグループ。メンバーには水着のグラビアアイドルも含まれていたが、メインとなっていたのはＡＶ女優だった。

しかし、彼女たちが番組内でヌードになることはない。下ネタこそ連発するものの、あくまでも明るく可愛らしい女の子として扱われた。この番組だけを見ていたら、彼女たちがＡＶ女優だということもわからず、ちょっとエッチな言動を売りにしたアイドルグループなのだと思ってしまうかもしれない。

実際に、そうして彼女たちを知り、あくまでも「可愛い女の子」としてファンになったという視聴者も多かったようだ。

『おねがい！マスカット』から『おねだり!!マスカット』『ちょいとマスカット！』『おねだりマスカットＤＸ！』『おねだりマスカットＳＰ！』と番組名は変わり、メンバーも入れ替わりつつも恵比寿マスカッツは5年間にわたって活動。その期間で、９枚のシングルと2枚のアルバムを発売した。８枚目のシングル『逆走♡アイドル』はオリコンチャートで最高7位を記録するスマッシュヒットにもなった。中野《なかの》サンプラザホールや渋谷《しぶや》公会堂といったホールでもコンサートを行い、解散コンサートは約２０００人を収容する舞浜《まいはま》アンフィシアターで行われ、ファンを熱狂させた。それらの事実から見ても、アイドルとして十分に成功を収めたグループだと言えるだろう。

そんな恵比寿マスカッツの中心メンバーのひとりが、みひろだった。

みひろは、02年にヌード写真集『夢 追いかけて』（撮影・水谷充《みずたにみつる》 インフォレスト）でデビューし、ヌードモデルとして活動したのちに、05年にAV女優へと転身。アリスJAPANとマックス・エーの二社同時専属、24本契約という鳴り物入りでのデビューとなった。

当時、最も権威のあったAV情報誌『オレンジ通信』（東京三世社）の「２００５年度AVアイドル賞」（06年2月号掲載）では、第4位を獲得。これは、この年にデビューした新人のなかではトップの順位である。

その記事における彼女の紹介文はこうだ。

——国仲涼子《くになかりょうこ》にちょっぴり似た濃いめの顔立ちの美少女だが、全体のムードは最近のAV女優では希少価値のさわやか系。こういうタイプにはドラマがよく似合うという両メーカーの読み通り、全作品がドラマ。その期待に応《こた》えて達者な演技を披露。SEX面ではまだ未熟で艶技《えんぎ》先行型だが、愛くるしい喘《あえ》ぎ顔に胸がキュンとなる。

この05年という年度は、AVのプレイ内容がハード化していった時期だった。「2005年度AVアイドル賞」の1位は、抜群のルックスを持ちながらもアナルファックや中出し、ぶっかけなどのハードプレイもこなす南波杏《なんばあん》である。

そうしたなかで、いわゆる王道的なAVアイドルとしてみひろは認識されていた。決して胸は大きくないしセクシーではないけれど、明るくて可愛らしい女の子。それは80年代から続くAVアイドルの王道である。

AVのプレイがハード化しているなかで、みひろのアリスJAPAN、マックス・エー時代の作品は、すべてが〝疑似本番〟。つまり、セックスシーンにおいて実際に挿入はしていなかった。それどころか、フェラチオのシーンでもコンドーム着用だったという。

そんなソフトな内容であったにもかかわらず、みひろはAV女優としてトップクラスの人気を得ていたのである。
09年に発売された、みひろ自身の筆による半自伝的小説『ｎｕｄｅ』(講談社)では、ＡＶ出演を決意するシーンで彼女は心のなかでこう叫んでいる。

――ＡＶやるなら、ナンバーワンになる。そうじゃなきゃ、やる意味がない。ちょっとやそっとで崩れてたまるもんか。悔いが残らないように、夢のために！『みひろ』がどこまでいけるか、私がこの目でみてみようじゃん！

みひろがＡＶに出演したのは、〝その先の夢〟を叶《かな》えるためだった。

はじめて夢中になれた仕事

この取材は、代々木《よよぎ》にあるみひろの所属プロダクションで行われた。ＡＶを引退して7年――35歳になった彼女は、びっくりするほどに〝あの頃〟のままだった。それこそ、「まだ20代」と言っても完全に通用するだろう。ＡＶ女優引退後の姿もテレビなどで見ているせいかもしれないが、あまりの変わりのなさに少し驚くほどだ。

　みひろのデビューのきっかけはスカウトだった。もともと芸能界に興味があり、高校生のときにオーディション番組『チャンスの殿堂！』（毎日放送）のＩＳＳＡ（ＤＡ ＰＵＭＰ）の妹役オーディションに応募し、一次審査を通過したこともある。ちなみにこのときグランプリを受賞したのが女優の平愛梨《たいらあいり》である。

「モデルの仕事だということで声をかけられたのですが、話を聞いたらヌードだって言うんですね。でも、『写真集を出してくれる』って聞いて心が動きましたね。裸になるリスクはあるにせよ、『なんだか面白そうかな』って思って」

　撮影の仕事は想像以上に楽しかった。

「写真を撮られるのは、もともと好きだったんです。プリクラ世代ですしね。ちゃんとメイクもしてもらえるし、綺麗《きれい》に撮ってもらえる。ヌード撮影の現場って、スタッフさんもいやらしい怪しい人たちなのかなって思っていたけど、実際には全然ちがっていた。むしろ、その現場は『居心地がいいな』って感じました。撮影現場って、やたらと褒めてくれるじゃないですか。『その表情いいよ』とか『可愛いよ』とか。普段、そんなに褒められることってないから、嬉《うれ》しくなって『もっと頑張ろう！』『もっといいものをつくりたい』って欲も出てくるんですよね」

撮られる楽しさを知ったみひろは、ヌードモデルとして躍進する。

この時期、セーラー服やブルマーなどの女子高生をイメージしたグラビアをメインとする雑誌が人気を集めており、そういった媒体にみひろも多く登場していた。それらの雑誌は『クリーム』『ワッフル』『ラッキークレープ』など、スイーツに関する誌名が多かったため「お菓子系雑誌」と呼ばれ、そこに登場するモデルは「お菓子系アイドル」と称された。お菓子系アイドルの多くは水着までの露出だったが、フルヌードを披露していたみひろも、お菓子系アイドルと呼ばれていた。

じつはこの時期、みひろは一度ヌードの仕事を辞めている。当時付き合っていた彼氏に、ヌードモデルをやっていたことがバレてしまったからだ。ヌード以外の仕事なら受けるというかたちで話は収まったが、やはりそうなると仕事のオファーはほとんどなかった。

「ヌードの仕事を彼氏が嫌がるのは当然だと思ったけど、辞めてから何カ月もなにもしないでいると、ウズウズしちゃってしょうがなくなったんですね。やっぱりわたしは仕事がしたかった」

渋る彼氏を説得して、みひろはヌードモデルの仕事を再開した。彼氏との関係が難しくなることを覚悟してまで、『戻りたい』と思うほどの魅力がこの仕事にはあったのだ。

「『こんなに楽しいのが仕事なんて最高じゃない？』って思っていました。事実、それまで夢中になれるものってなかったんです。学生時代の部活もなにもかも中途半端だったし……はじめて夢中になれたのが、この仕事だったんですよね」

ヌードに復帰したみひろに、Vシネマ出演の話が持ち込まれた。『ザ・痴漢ネット』（GPミュージアムソフト）というシリーズの第6作となる作品で、いきなりの主役だ。

演技をするのは初めてで緊張したが、それもまた楽しかった。監督も親切に演技指導してくれた。しかし、その撮影でみひろは初めてセックスシーンを演じることになる。

「裸の写真を撮られるのはもう慣れていましたけど、男の人に触られたり、肌を合わせたりというのは辛《つら》かったですね。『二度とやりたくない』と思いました」

Vシネマの撮影では、局部は前貼りと呼ばれるテープを貼ってしっかりと隠されるし、挿入もしない。いわゆる、疑似本番である。それでも、好きでもない相手とそういった行為をすることに、みひろは嫌悪感を持った。

その後、Vシネマ出演の話は断っていたものの『実写版 まいっちんぐマチコ先生 Let's! 臨海学校』に出演する。80年代の人気漫画を原作とするお色気コメディで、主演はタレントでヌードモデルとして活躍していた仲谷《なかたに》かおり。みひろは、ヌードにはなるがセックスシーンはないということで出演にOKを出したのだ。お菓子系アイドルとして何度か一緒に仕事をした風野《かざの》舞子《まいこ》が出演しているのも心強かった。

「このときに、『あ、お芝居って面白いな』って思ったんです。それまで、芸能の仕事をやりたいとはぼんやり考えていたけど、『お芝居をやりたい、女優になりたい』って気持ちが芽生えた」

みひろは再び、セックスシーンのあるVシネマにも出演するようになった。

「やってみたら、『あれ、なんか最初よりも抵抗感があんまりないぞ？』って感じたんですよね。単純に慣れてきたのかもしれないけど、『これならできるかもしれない！』って思えたんです」

そして、数本のVシネマに出演したのち、みひろにAV出演の打診があった。

みひろに会ったプロデューサーは、「将来なにになりたいのか？」と単刀直入に尋ねてきた。「女優になりたい」と答えると、プロデューサーはこう言った。

「いまの年齢考えてみなよ。もう遅いと思わない？」

そのとき、みひろは23歳になっていた。

「このままやっていても売れないままで、気がついたらおばちゃんになっちゃうよ」

そのプロデューサーは、「とにかく知名度を上げないとダメ」だと断言する。名前を知ってもらえないといい仕事は舞い込んでこない。そのためにはAVに出て、みひろという名前を売るべきだと。

「『AVに出なくても知名度を上げてみせる』と思いつつ、『もう遅い』と言われたのはショックでしたね。ならば、『最後の賭《か》けとしてAVに出よう』と考えたんです。これでダメだったらもう潔く辞めようと。でも、『やるんだったらAVの世界でナンバーワンになろう』って決心したんです」

この一連の話を聞いて、正直に言えばプロデューサーの説得はAV業界に入れるための〝常套手段《じょうとうとう》〟だと感じた。あたりまえだが、AVに出なければ女優としての未来はないなどということはないだろう。だが結果として、みひろのこの判断が正しかったのか、それとも間違っていたのかはわからない。

実際にみひろは、ナンバーワンのＡＶ女優となりその後は女優としてテレビや映画で活躍できることになるのだから、結果的には成功したと言えよう。そして、ＡＶに出演しなくとも、もっと大きな成功を収めた可能性だってあるわけだ。しかしそれは、あくまでも「ｉｆ」の話でしかない。みひろは、ＡＶに出演し知名度を上げ女優として活躍した。それは紛れもない事実なのである。

「ＡＶではあるけれど、『疑似本番でいい』と言われたのも大きかったです。『それならＶシネマと変わらないんじゃないか』って。そう思えたんです」

05年に、みひろはＡＶデビューを果たす。前述のとおり、老舗《しにせ》ＡＶメーカーであるアリスＪＡＰＡＮとマックス・エーの二社同時専属で24本契約という鳴り物入りのデビューであり、業界でもかなりの話題となった。

まず1月に、アリスJAPANからデビュー作『Ｌｉｔｔｌｅ Ａｎｇｅｌ みひろ』が発売され、翌2月には、マックス・エーから『みひろ Ｓｕｐｅｒ☆Ｓｔａｒ』が発売。以降、交互にふたつのメーカーからみひろの出演作が発売された。

セルデビューするためのハードル

みひろは、ＡＶ女優として人気を集めると同時に、高橋克典《たかはしかつのり》主演のテレビドラマ『特命係長 只野仁 ２ｎｄシーズン』（テレビ朝日系）や前田亜季《まえだあき》主演の映画『水に棲む花』に出演するなど、女優としても活動を少しずつ広げていった。

なかでも話題を呼んだのは、バラエティ番組『ゴッドタン』（テレビ東京）の「キス我慢選手権」への出演だった。

ＡＶ女優がキスを迫ってくるのを耐えられるかという企画で、その第1回の仕掛け人としてみひろが出演し、お笑い芸人の劇団ひとりとの濃密なやりとりが注目を集めた。みひろはこのコーナーのレギュラーとなり、13年に公開された劇場映画『ゴッドタン キス我慢選手権 ＴＨＥ ＭＯＶＩＥ』では、メインキャストとして出演している。

そうした活躍もあり、みひろの知名度はＡＶ業界以外でも高まっていく。

07年、アリスＪＡＰＡＮとマックス・エーとの24本契約が終了したみひろは、セルメーカーであるマキシングとエスワンの専属女優となる。

この時期のＡＶ業界では、日本ビデオ倫理協会（通称・ビデ倫）の審査を受け、レンタルショップ中心に流通するレンタルメーカーと、自主規制やビデ倫以外の審査団体の審査を受けて販売されるセルメーカーに分かれていた。

ビデ倫は審査基準が厳しく、ヘアやアナルの露出も不可能であった。そのため、基準が緩く露出度の高いセルメーカーの作品に人気が集まっていた。

当時の単体女優は、まずレンタルメーカーの専属としてデビューして、その後にセルメーカーへと移籍するというのが定番パターンとなっていた。レンタルで知名度を上げてから露出度が高く内容もハードなセルに移るため、ユーザーの期待値も上がり、セルデビュー作品が最も売れるということが多かった。

みひろのエスワン第1作となる、『ハイパー×ギリギリモザイク×4時間 ハイパーギリギリモザイク』は国内最大手のＡＶ通販サイトＤＭＭ．Ｒ18の07年度下半期で最も売れた作品となった。セルデビュー作となるマキシングの『みひろ解禁』も4位にランクイン。みひろは、名実ともにナンバーワンＡＶ女優となったのである。

ただし、修正の薄いセルメーカーに移籍するということはレンタル作品の厚いモザイクに隠されていた疑似挿入が通用しない。つまり、本番行為をしなければいけないということでもある。『疑似本番だからVシネマと変わらない』。そう自分に言い聞かせAVに転身したみひろにとって、それは高いハードルではなかったのだろうか？

「本番行為に対しての抵抗はやっぱりありました。知らない人のものを自分の体内に入れたくないっていう気持ちですね。そこだけは譲れないというのはあったんです」

しかし、みひろはこのとき本番をすることを受け入れたのだ。

「まだAVを辞める時期じゃないというのはありましたよね。まだまだやり切っていない。やり切るためには、それ（本番）も受け入れなくちゃいけないんだって……」

ある意味で悲痛すら感じさせるみひろの決意だが、みひろのセル移籍はファンにとっては歓迎すべきものだった。

セルデビュー作に対してのユーザーレビューでは「長い期間、不満を持ちながらも彼女の作品を見続けてきてよかった。みひろの生フェラや本当の挿入が観られるとは。AVとしては普通のことではあるが、それが嬉しい」というような、〝本番解禁〟を素直に喜ぶ声を多数見つけることができる。

みひろがセル移籍を決心したのは、前年の06年にセル移籍をして成功していた吉沢明歩《よしざわあきほ》へのライバル心もあったのかもしれない。

吉沢明歩は、03年に『天使の蕾』（アリスＪＡＰＡＮ）でＡＶデビューした女優である。デビューから15年を迎える今でも、安定した人気を誇っているという数少ないＡＶ女優だ。ＡＶデビューは吉沢明歩のほうが2年早いが、アリスＪＡＰＡＮとマックス・エーの二社同時専属という立場が同じこともあり、ライバル的な関係だと見られていた。

「アッキー（吉沢明歩）はいいライバルだと思っていましたし、かなり意識もしていました。『アッキーよりもっと仕事が欲しい』という思いはやっぱりありましたよね」

一方、吉沢明歩のほうもみひろをライバルだと感じていたようだ。インタビューに同席していたプロダクションの社長がこう言う。

「最初の頃は、アッキーよりみひろのほうが売れていたのでよく比べられて彼女は悔しい思いをしていたそうですよ。それで頑張って売れていった。だから彼女が所属するプロダクションの社長が、『みひろちゃんがいなかったら、アッキーは絶対に売れなかった』と言ってましたね」

その吉沢明歩が、セル移籍によって人気がさらにアップしたことをみひろも意識していたのだろう。00年代後半、単体AV女優の主戦場はレンタルからセルへと移っていった。
みひろや吉沢明歩らの活躍は、まさにその象徴であった。

恵比寿マスカッツでの活躍

08年4月7日から、『おねがい！マスカット』がテレビ東京系で放送開始される。「日本の深夜をスカッとさせるストレス発散バラエティ番組！」というコンセプトの深夜番組で、司会はお笑い芸人のおぎやはぎ。そして、出演している女の子たちの総称が恵比寿マスカッツであった。

恵比寿マスカッツには、庄司《しょうじ》ゆうこや花園《はなぞの》うららのようなグラビアアイドルも在籍していたが、メインとなっていたのは吉沢明歩、麻美《あさみ》ゆま、蒼井《あおい》そら、Ｒｉｏなどの人気AV女優である。

恵比寿マスカッツ第1期生として扱われているみひろだが、じつは、彼女が登場するのは08年4月22日放送の第3回からだ。すでに同じテレビ東京の番組である、『ゴッドタン』で話題となっていたために、カラーが似てしまうことを危惧《きぐ》した制作サイドが当初は出演を見合わせていたらしい。

しかしみひろは、その可愛らしさだけでなく明るくエッチなキャラクターでたちまち頭角を現す。特に、「エロ替え歌」というコーナーでのみひろは大人気だった。

「だけどぼくにはチ○コがない。君をイカせる腕もない。アソコはいつでもピンコ立ち」と歌い上げる西田《にしだ》敏行《としゆき》のヒット曲『もしもピアノが弾けたなら』の替え歌『もしもチ○コが弾けたなら』や、「ぼくもチ○コ　おまえもチ○コ　チンチンチンぐりがえってビンビンビン」と叫ぶ小林《こばやし》亜星《あせい》作曲の名曲『にんげんっていいな』の替え歌『チ○コっていいな』。その他にも、『おちんがつ』（お正月）や『ハマグリころころ』（どんぐりころころ）など、露骨に卑猥《ひわい》な歌詞を無邪気に明るく歌ってみせたのだ。

そんなみひろには「エロス党のプリンセス」のキャッチフレーズがつけられ、その可愛らしさとのギャップは、キャラクターの立ったメンバーが揃った恵比寿マスカッツのなかでもひときわ輝いていくことになる。

しかし、みひろ自身はこの番組に対して複雑な思いを抱いていた。

「番組出演のオファーがあったときには、ちょっと考えることがありましたよね。それまではひとりでの仕事がメインだったのに、大勢の女の子たちと一緒にやるということで『仲良くできるかな……』という不安があったんです。しかも、みんな強者《つわもの》揃いじゃないですか（笑）。もちろん、売れている子ばかりだし。仲が悪い子がいたわけじゃないけれど、『大丈夫だろうか……』という心配はありました」

みひろが危惧したことは的中してしまう。ただし、衝突したのは恵比寿マスカッツのメンバーではなく、番組の総合演出を務めるマッコイ斉藤《さいとう》とだった。

「それまでは、テレビ番組でも自由にやらせてもらえることが多かった。でも、マッコイさんはガッツリ演出する方なんです。勝手にしゃべったら、『おまえがしゃべるんじゃねぇ。そういうのは芸人さんに任せておけばいいんだ！』とか怒鳴られて、さんざん泣かされたんですよ。だから、いつも『もう現場に行きたくない』ってマネージャーに駄々こねていましたね」

当時、すでに『ゴッドタン』などでの評価もあり、バラエティタレントとしての自分に自信もあったのだろう。

「やっぱり自分を過信していたところはあって……鼻をボキボキっとへし折られちゃったので、反発しちゃったんでしょうね。マッコイさんの厳しさは愛のある厳しさだと思うんですけど、その愛を当時は素直に受け入れることができなかったんです」

『おねがい！マスカット』はその後、番組名などマイナーチェンジをくり返し、恵比寿マスカッツもメンバーの加入、卒業を経ながらも13年まで活動は続いていった。

みひろは、10年3月29日の放送を最後に恵比寿マスカッツから脱退しているが、正式に卒業のアナウンスのないままのフェイドアウトだった。

「AVやヌードのお仕事を引退するタイミングで辞めたんですよね。『AV女優じゃなくても残っていいよ』とは言われていたけれど、わたしのほうに続ける気持ちがなくなっていたんです」

番組シリーズ最後となった『おねだりマスカットSP！』が13年3月30日に放映終了。そして、恵比寿マスカッツは同年4月7日に舞浜アンフィシアターでのコンサートで解散する。この解散コンサートには、みひろもゲストとして出演した。

そしてその2年後の15年、恵比寿マスカッツはメンバーを一新した恵比寿★マスカッツとして復活し、10月8日より冠レギュラー番組『マスカットナイト』の放送が開始される。その後、『マスカットナイト・フィーバー!!!』を経て、17年10月5日に番組は『恵比寿マスカッツ横丁！』へとリニューアルするが、その放送内で恵比寿★マスカッツの解散、そして恵比寿マスカッツ1.5の結成が発表された。

恵比寿★マスカッツのメンバー全員が参加する恵比寿マスカッツ1.5だが、そこに新メンバーとして新たに加えられたのが、みひろだった。新メンバーとして紹介され、どよめく恵比寿★マスカッツメンバーの前で、みひろはこう語った。

「あのときのわたしはウニだったんですね。すごいトゲトゲしてたんです。だからマッコイ（斉藤）さんといっぱい喧嘩《けんか》しました（「総合演出と喧嘩してとにかく収録にこなかった」とテロップが入る）。なので、2年で辞めることになりました。でも、わたしもいろんな経験してきたので、大人になっていると思うんです」（『恵比寿マスカッツ横丁！』17年10月5日放送から）

みひろ自身、きちんとした〝卒業〟というかたちを取らずに恵比寿マスカッツを離脱したことは、心残りだったらしい。

「あまり途中で投げ出すことはできない性格なんですよ。だけど、恵比寿マスカッツは唯一投げ出してしまった。それがずっと心に引っかかっていたんです。だから今回、マッコイさんのほうから声をかけてもらったのは驚いたし、嬉しかった」

恵比寿マスカッツ1.5には、「ＰＴＡ」という肩書で、初代恵比寿マスカッツの蒼井そら、麻美ゆま、Ｒｉｏも参加していたのだが（18年1月26日で全員卒業）、みひろは彼女たちとちがい正式メンバーとしての加入となっている。20代のメンバーたちに混ざって、35歳の新メンバーという立場だ。

「前のマスカッツのときは、『あの子に負けたくない！』というライバル心があったんですけど、さすがに今はみんな可愛らしい妹という感じで見ていますね。でも、せっかく呼んだのに、前（恵比寿★マスカッツ）と変わらないって言われないように結果を残さないといけないというプレッシャーはありますね」

世代のちがいに戸惑いながらも、みひろは恵比寿マスカッツ1.5の一員として現在も活動している。『恵比寿マスカッツ横丁！』は17年いっぱいで放送終了したが、恵比寿マスカッツ1.5はインターネットテレビのＡｂｅｍａＴＶ『恵比寿マスカッツ1.5真夜中のワイドショー』で活躍中である。

AVを引退し女優の道へ

話を戻す。初代・恵比寿マスカッツに加入したのと同時期に、みひろは志村《しむら》けんの人気番組『志村けんのだいじょうぶだぁ』（フジテレビ系）に出演している。

「志村さんがAVでわたしを知って、それで声をかけてもらったみたいなんです。そのときは、『AVをやってよかったな』と心底思いましたね」

08年10月28日放映の『志村けんのだいじょうぶだぁ　豪華秋の爆笑SP』を皮切りに、『志村けんのバカ殿様』（フジテレビ系）、さらには舞台『志村魂』にも出演。以降、志村けんの番組や舞台にはレギュラーのように出演し、「志村けんファミリー」のひとりとして認識されるようになる。

また、09年に公開された入江《いりえ》悠《ゆう》監督の映画『SR　サイタマノラッパー』ではヒロインの小暮《こぐれ》千夏《ちなつ》を演じた。同作は第19回ゆうばり国際ファンタスティック映画祭オフシアター・コンペティション部門でグランプリを獲得。さらに入江悠は、この作品で第50回日本映画監督協会新人賞も受賞するなど、自身の出世作となった。そして、みひろの演技も高く評価された。

みひろは、AV出演を決意した理由である〝その先の夢〟を叶えつつあった。AV女優の枠を超え——女優として、タレントとして、着実にキャリアを重ねていた。

その一方で、エスワンとマキシングで交互に月1本のペースでのAV出演も続けていたが、10年6月発売の『みひろFINAL 最後で最高のイカセ技、全部見せます。』（エスワン）を最後に、みひろはAVを引退する。

「当時27歳にもなっていたし、『そろそろかな』という気持ちはありましたよね。これ以上続けていたら、どんどんハードなことを要求されるんだろうなって思いもあった。わたしのなかでは『それは絶対にできない』というラインがあるので、それを求められたらもう無理だなと」

みひろがAVデビューして、5年という歳月が過ぎていた。引退までの出演本数は70タイトル（編集盤、イメージ作品などを除く）を数えるが、レズやぶっかけ、アナルファック、SMといったハードなプレイは一切行っていない。ソフトな内容だけでこれだけの本数をリリースしたというのは、00年代以降のAV業界では、奇跡に近い。メーカー側はそれでもまだ専属契約を更新するつもりだったというから、そんなソフトな内容でも、みひろ作品はちゃんと数字が取れていたということだろう。

「あと、小説が映画になることが決まって、それが公開されるときに現役じゃないほうがいいかなって思ったんです」

小説とは、09年5月に発売された半自伝的小説『ｎｕｄｅ』のことである。小説家の新《しん》堂冬樹《どうふゆき》のプロデュースで講談社ｗｅｂサイト『ＭｏｕＲａ』で連載されたのちに、単行本化された。『月刊ヤングマガジン』でオジロマコトによる漫画版『ｎｕｄｅ　ＡＶ女優みひろ誕生物語』も連載されている。

『ｎｕｄｅ』は小沼雄一《おぬまゆういち》監督で映画化され、10年9月に公開された。主役の「ひろみ」を、これが初主演作となる女優の渡辺奈緒子《わたなべなおこ》が演じ、みひろ自身も先輩ＡＶ女優役で出演している。

ＡＶを引退し本格的に女優の道を歩みはじめるときに、自伝的小説の映画が公開されるというのはタイミングとして確かによかった。映画『ｎｕｄｅ』の報道記事には、「ＡＶ女優を引退したみひろの原作」と必ず書かれ、そのアピールは大きなものとなったからだ。

「AVを辞めることは自分で決めましたが、後ろ髪ひかれる感じはありましたね。『はい、終わり。次にいこう』とは簡単に切り替えられない。撮影現場は楽しかったし、スタッフさんも素敵な人ばかりだったので、『もうあの人たちとは会えないんだ』と思うと、少し寂しい気持ちもあった」

AV女優引退後のみひろは、テレビ、映画、舞台と女優・タレントとして着実な活動を続けている。

近年の仕事で印象深かったのは、同じく元AV女優である漫画家・峰《みね》なゆか原作で、壇《だん》蜜《みつ》主演による14年のテレビドラマ『アラサーちゃん 無修正』（テレビ東京系）での「ゆるふわちゃん」役だ。いかにも男受けする可愛い女の子（といっても34歳）でありながら、少々腹黒いところもあるといったキャラクターは、あまりにみひろにハマっていた。原作者の峰なゆかも、みひろと共演したトークショーで「みひろさんは壇蜜さん同様、最初から役柄そのものですね。小顔でロリ顔で、男ウケがよくて、だけど実年齢が割と高い感じとか（笑）」（『NewsWalker』14年5月18日）と語っている。

AV女優をすることのリスク

15年5月19日に、自身のブログで俳優の下川真矢《しもかわしんや》との結婚が発表された。

いつも応援してくださる皆様へ

わたくし みひろは、かねてからお付き合いをしておりました 下川真矢 さんと、本日 5月19日に入籍いたしました。

3年のお付き合いの中で、彼の優しさ、誠実さ、頼もしさを感じ、いつからか自然と彼との将来を頭に描くようになっていました。

性格や趣味が、わたしの父と似ているところが多く、嬉しく思いました。
やはり娘は、父のような男性に惹《ひ》かれるみたいです。

両親のように、いつまでも仲良く、当たり前のことを幸せと感じ、お互い感謝の気持ちを忘れない夫婦であり続けます。

そして、母の奥ゆかしさを見習い、彼を支えていきます。

新たな環境になりますが、変わらずお仕事のほうもがんばっていきます!!

まだまだ未熟な二人ですが、ご指導ご鞭撻《べんたつ》のほどよろしくお願いいたします。


ところがネットでは、ふたりの結婚に対して「よく元AV女優と結婚できるな」「子どもが将来かわいそう」といったネガティブなコメントが寄せられてしまう。みひろはそうした意見に対して、翌日のブログでこう綴《つづ》った。


過去の私のしてきたお仕事に対して、よく思わない人がいるのは事実。

傷ついたりする事もある。

でも、全部私が決めてきたこと。後悔はしてないです。

そこがあったから、今の私がいると思っているし、こうやってたくさんの人たちに巡り合えてるんだから。

これが、誰もが思うまっとうな人生ではないかもしれないけど、そんな人生もあったっていいんでは(、ДI、)

結婚に際して、AV女優であった過去がネックにならなかったのか。聞きづらい質問ではあったが、みひろ本人にぶつけてみた。

「まったくなかったんです。そのことを知ったうえで付き合いはじめましたし、旦那《だんな》はわたしの過去も全部ご両親に話してくれていました。ご両親と初めてお会いしたときも、普通に息子の彼女として迎えてくれましたし、これまで嫌な思いをしたことがないんです」

では、子どもができたときのことを考えているか？　と、さらに聞きづらい質問をする。

「そういうリスクもあるけど、『いいの？』ということを確認したうえで結婚しているので、なにかあってもそれは旦那と一緒に乗り越えようと思っています」

もし仮に知り合いの女の子に、「AVに出演しようかと思うんだ」と相談されたら、みひろはこう答えると言う。

「『こういうリスクはあるよ』ということは全部言って、そのうえで『それでもやりたい？』と聞きますね。それを理解しているならばやればいいと思います。一番障害になるのは、結婚のことなんですよね。相手の両親のこともありますし。20代のときのわたしはまるで考えていませんでしたから」

みひろの両親は、彼女がAV女優をやっていたことを知っている。ただし、母親と父親では、知ったタイミングが随分ちがっていた。

「母親には隠しておけませんでした。ヌードグラビアをやっているときから言ってました。母親には隠しておけませんでした。コンビニで掲載誌を見せて『今こういうお仕事をしてるんだ』と告白したんです。驚いて『大丈夫なの？』と心配されましたね。『大丈夫、わたし、もっと有名になりたいんだ。今、頑張ってるんだ』って言って、わかってもらえました」

しかし、なかなか父親には言えなかった。みひろがAV女優をやっているということが父親に発覚したのは、ひょんなきっかけであった。

「実家のほうで大きな地震があって、家が壊れてしまって建て直しすることになったんです。そのときの大工さんが父親に『そういえば、ここらへんに超有名なAV女優がいるんだよ』って話したらしいんです。父親も男性だから、話に乗るじゃないですか。そうしたら、大工さんが『じゃあ、今度DVD持ってきます』って。それで持ってきたのがわたしのAVだったという（笑）」

まるでコントのような出来事であったが、みひろのAV出演を知った父親は、すぐに電話をかけてきた。

「大阪での仕事が終わって東京に戻る新幹線のなかで電話を受けたんです。もの凄い剣幕でした。『なにやってるんだ！』『勘当だ！』『今すぐに辞めろ！』って、怒鳴られましたね。『まだ契約があるので辞められない』と言ったら、『もう帰ってくるな』と返されました。わたしも『わかりました』と電話を切ったんです。でも翌日に、少し怒りが収まったのか『とにかく1回帰ってこい』と言われて、一度ゆっくりと話し合いをしたんです。じつは、もうすぐ引退するという時期だったので、予定されている作品にだけ出て辞めるということで納得してもらいました」


みひろが、あれだけテレビや雑誌に露出していたのに、それまで父親はまったく気づかなかったのだ。もしその偶然がなかったら、引退するまで知らなかったかもしれない。

「でも今でも父親は、わたしがそういう仕事をしていたということを理解してくれてはいないみたいです。わたしが地元のパチンコ屋さんとかでイベントをするとなると、凄く嫌がるんです。わたしが話題になってほしくないんですね。だから、納得したというか、もうやってしまったことだから、しょうがないという感じなんでしょうね」

AVライターのアケミンによる『うちの娘はAV女優です』（幻冬舎）は、親公認AV女優について書かれた本だ。娘がAV女優として活動することを、親が認めている。そんな親子関係が急増しているというのだ。しかし、ここに書かれている例でも、母親は意外なほどにあっさりとその仕事を受け入れるが、父親はそうはいかないということが多数を占める。母親には打ち明けているが、父親には内緒というパターンも多いようだ。

自分自身もアダルトコンテンツを消費する側だからこそ、娘がそこで性の対象として見られることに抵抗感を持つのであろう。

みひろの結婚時における一般からの反応を見てもわかるように、AV女優という職業に対して、世間の見る目はまだまだ厳しい。

みひろは、先日たまたま目にしたテレビドラマのシチュエーションにドキッとしたという。

「高岡早紀《たかおかさき》さん演じる元AV女優の主婦がセレブな土地の一軒家に引っ越してきて、周りから白い目で見られるという話があったんですよ。『うわ、リアル』って思って、わたしもこういう風になるのかなって、ちょっと考えちゃいましたね」

それは、日本テレビ系で放映された綾瀬《あやせ》はるか主演作『奥様は、取り扱い注意』の第2

話でのエピソード。高岡早紀演じる主婦がＡＶ女優だった過去につけこまれて、それを知った男に脅迫されて金銭を要求されたり、町内会で非難されたりするという内容だ。

もし、自分がそういう状況におかれたらどうするのか聞いてみる。

「わたしの場合は、それはとても隠せないので、むしろママ同士だったら『そうなんですよ、やってたんですよ』と明るく話しますね。隠さず『本当は男優さんてね』とか（笑）。じつは女性はみなさん、アダルトの世界にとても興味があるんですよね。だから、自分から『聞いてもいいよ、ウエルカムだよ』という雰囲気を出せるようでいたいと思っています。性のことって、嫌いな人は実際にはあまりいないはずなので、そういう壁を取り払っていけたらいいなって」

ＡＶ女優を選んだのは正しかったのか？

――この作品が世に出回るのだ。好きでもない男の人とセックスをして、感じている表情を見知らぬ多くの人々に見られ、マスターベーションの道具として使われる。

でも、これが私、『みひろ』の仕事だ。この道を選んだのは私。そしてこれを機に、さまざまな方面へ成長していくのも私。未来の私が今のこの行動を後悔しないために、精いっぱいエネルギーを使わなければいけない。どんな仕事にも全力を注ぐ。

「よぉい、スタート」

監督から声がかかった。

（よしっ！　みひろになったことを後悔させないからね!!）

みひろの半自伝的小説『ｎｕｄｅ』で、初めてのＡＶでのカラミの撮影直前に、彼女が自分に言い聞かせているシーンだ。

みひろは、女優として成功するという夢のためにＡＶ女優になる道を選んだ。結局のところ、みひろにとってＡＶ女優という仕事はどんなものであったのだろうか。

「うーん、お仕事でしたね。お仕事だから、ちゃんとまっとうしようというスタンスでした。現場は楽しかったんですよ。いい人ばかりだったし。でも、心の底から、『わたし、超セックス好き！』みたいな気持ちにはならなかったんですよね。『もっとやりたい、ずっとＡＶ女優をやっていたい』とは思いませんでした」

みひろにとって、ＡＶ女優をやることは、あくまでもステップであるというスタンスは最後まで変わらなかった。

人気ＡＶ女優となったことでみひろの知名度は飛躍的に上がり、テレビや映画、舞台へと活躍の場は広がった。しかし、その代わりに「ＡＶ女優」のレッテルを貼られることとなる。ＡＶを引退した後も、「元・ＡＶ女優」という肩書はついてまわる。

「確かにＡＶ女優ですし、それはもう隠せないし、しょうがない。今は元・ＡＶ女優だと言われるけれど、『女優と言われるようにもっと頑張ろう』という気持ちですね。『あの映画に出ていた女優さんね』と言われるようになりたい」

ＡＶ女優が引退後にタレント活動をするときに、ＡＶでの過去について触れることを拒むという方針を取る場合も多い。タレントとして成功した飯島愛《いいじまあい》が、長い間その過去をタブー扱いしていた例が有名だ。芸名自体を変えてしまうこともある。

「みひろという名前が大好きなんですよ。これ以上わたしに合う名前はないと思っています。『芸名を変えたほうがいいんじゃないか？』と言われたこともありましたけど、自分では少しもそう考えたことはなかったですね。ＡＶをやっていたことを隠すのもやめようと引退のときから決めていました。そういうことでくるお仕事だってありますし、過去を全否定したくないから」

では、AV女優であること、AV女優であったことが、芸能活動の妨げになったことはなかったのだろうか？

「映画のお仕事で、出演が決まっていたのに、主演の男の子の事務所のほうからNGを出されて取り消しになったことはありました。わたしの知らないところでは、もっとあったかもしれませんね。そういうときは、『なにをー！』って気持ちになる。『なんだよ、心ちっちぇえな！』って（笑）。でも、そこで落ち込むことはないんです。『みひろを使っておけばよかったって後悔させてやる』くらいに思ってますよ」

仕事の現場でも、元AV女優だからということで悪い扱いをされたり、引け目を感じたりすることはないという。

「そういうことはまったくないですね。わたしがいる環境が恵まれているのかもしれませんが」

AV女優という仕事を、あくまでもステップとして考えてはいるもののそれ自体（AV女優という仕事）は否定しない。AV女優になったことを後悔もしていない。

「今がいいから、後悔してないんですよ。もし、今がどん底だったら後悔してるかもしれないですけどね（笑）」

『後悔はない』と、みひろはきっぱりと言い切った。

その一方で、AV女優の仕事は彼女にとっては、あくまでもその先の夢を叶えるためのステップだった。AV女優になることで知名度を上げて、その先へ行く――。みひろはそう考えて、AV女優になることを決意した。


かつてのスカウトの殺し文句は、「飯島愛ちゃんみたいな芸能人になりたくない？　彼女もAVで有名になって、タレントになれたんだよ」だった。

しかし、みひろたち恵比寿マスカッツ世代を見て育った現代のAV女優は、AVをステップとして考えるのではなく、AV女優になること、あるいはAV女優をやりながら、タレント的な活動をすることが〝夢〟であったりする。彼女たちは、口を揃えて「できるだけ長くAV女優をやりたい」と言う。

お金を稼ぐための手段だと割り切るか、これを芸能界へのステップと考えるか。女の子たちにそう考えられていた「AV女優」という職業を、夢の対象へと変えたのは、間違いなくみひろたちの世代のAV女優たちだった。彼女たちが切り開いた道が、AV女優の印象を大きく変えたのだ。

『今のＡＶ女優たちは、ＡＶをそうとらえているんだよ』とみひろに伝えると、彼女は「えっ！　そうなんですか。凄いですね」と驚いたような反応をした。

どうやら、その状況を切り開いた当事者には実感はなかったようだ。

AV女優、のち

episode 02
笠木忍
Shinobu Kasagi

今度は、本名のほうで名前を残したい。一花咲かせてみたい

Profile

かさぎ・しのぶ●1980年7月28日、東京都に生まれる。2000年にAVデビューし、長瀬愛、堤さやか、桃井望と共に「キカタン四天王」と呼ばれ人気女優に。SMや凌辱系の作品が多く、いじめられっ子キャラとしてファンの心を摑んだ。04年に一度引退するまでに、約500本の作品に出演。11年、7年ぶりにAV女優として復帰し話題となるも、1年余りで約40本の作品に出演して引退した。漫画・イラストを特技とし、商業誌で連載を持っていたこともある。現在は介護系の職に従事

「いじめられっ子」と呼ばれた企画の女王

ＡＶ女優は、一般的に単体女優と企画女優の二種類に分類される。単体女優は、もともとは、その子の名前で作品が売れるようなＡＶアイドル的な女優のことを指した。１９８０年代以前に、ビニール本などのエロ本における男性モデルとのカラミではなく、ひとりだけでのヌードグラビアでも使えるようなルックスのいい女の子を単体モデルと呼んだことからきているという説もある。

現在では、ＡＶメーカーと専属契約を結んでいる女優を単体女優と呼ぶことが多い。その一方で、痴漢物やコスプレ物といった企画中心で撮られたＡＶを企画ＡＶといい、そういった作品に出演するＡＶ女優は企画女優と呼ばれている。その多くはいわゆる素人役であり、女優としての名前もクレジットされない。

ただし、00年代以降になると企画物の人気が高まったことから、単体女優以上に知名度がある企画女優が生まれていった。そして彼女たちは、企画単体女優、通称「キカタン」と呼ばれるようになっていく。

ＡＶ女優のヒエラルキーとしては、一番上が単体女優であり、次いで企画単体、そして企画女優という位置づけにある。だが、近年は単体女優以上に人気のあるキカタン女優も珍しくなく、このヒエラルキーも崩れつつあるという状況だ。

キカタンという言葉が生まれた00年頃、ＡＶ業界には大きな変動があった。それまでは、アダルトビデオの制作会社で構成される自主審査組織である日本ビデオ倫理協会（通称・ビデ倫）の審査を受けたレンタル用の成人向け作品がＡＶの主流だったのだが、90年代後半からビデ倫の審査を受けていないセル（販売）用の作品が増えはじめたのだ。それらはインディーズビデオと呼ばれ、業界で大きな勢力を持ちつつあった。

インディーズビデオの市場が広がると、企画女優の活躍の場も増えていった。当時のインディーズは、その大半が企画物だったからだ。大量につくられたインディーズの企画物ＡＶのなかから、ユーザーの口コミによって一部の企画女優に人気が集まっていく。彼女たちの出演する作品が売れるということがわかると、メーカーはこぞって彼女たちの出演作を量産した。

そんななかで、「キカタン四天王」と呼ばれる企画単体女優が存在した。長瀬《ながせ》愛《あい》、堤《つつみ》さやか、桃井望《ももいのぞみ》、そして、笠木忍。いずれも、幼い顔立ちで女子高生役などが似合うロリ系モデルである。彼女たちの作品はどれも高いセールスを誇った。

キカタン四天王のなかでも、少々カラーのちがったキャラクターで異彩を放っていたのが笠木忍だった。明るく可愛らしくエッチで、ときには男を手玉に取る小悪魔的な面も持つ「今どきの美少女」である長瀬、堤、桃井とちがって、笠木にはどこか暗いイメージがあったのだ。

よく見れば整っているのだが、妙に垢《あか》抜けない顔立ちと不器用そうなキャラクターの彼女には、いつの間にか「いじめられっ子」というキャッチフレーズがつけられるようになっていた。

SMや凌辱《りょうじょく》、そして精神的に追い詰めていくいじめ。彼女の出演作では、そんなプレイが延々と繰り広げられた。笠木忍はそんな〝責め〟に、いつもじっと歯を食いしばって耐えていた。決して大袈裟《おおげさ》な悲鳴をあげることもなく、反応も抑えめ。しかし、それがよけいに観る者、そして撮る者の加虐心を掻《か》き立てるのだ。

老舗《しにせ》AV雑誌の『オレンジ通信』（東京三世社）の2001年度AVアイドル賞（02年2月号発表）では、長瀬愛に次いで2位を獲得している。

この年のＡＶ女優を総括するＡＶライター宇田川久志《うだがわひさし》の記事では、笠木忍の魅力についてこう記されている。

――ブルセラからぶっかけや緊縛まで幅広く活躍。しかも、頬が赤くてどこか垢抜けない田舎娘みたいなルックスで、『３年Ｂ組　金八先生』に出演したら必ず陰湿なイジメにあうタイプ。だからブッカけられ、縛られ、責められる姿があまりにもリアルで、征服欲を満たしてもらった上で「ごめんね、こんなひどいことをして」と抱き締めてあげたくなるような愛しさを感じるのだ。

この時期の笠木忍と「いじめられっ子」という言葉は切っても切れない関係にあった。

「イジメられるのとかは勿論《もちろん》ヤなんですけど、つくすのは好きだと思うンです」

『ビデオ・ザ・ワールド』（コアマガジン）02年5月号でのインタビューで彼女はこう答えている。マゾ性が強いというよりも、相手が喜んでくれるのが嬉《うれ》しい。自分がそういう行為自体が好きなわけではなく、相手がそれで興奮するならば自分も興奮するのだと。

「痛いのはやっぱりちょっと苦手でしたけど、縛りとかローソクとかは好きなほうだったんですよね。ただ、一本鞭《むち》だけは、本当に痛かったなぁ。それでも、終わった後の達成感はやっぱり最高でした」

『ビデオ・ザ・ワールド』のインタビューから15年後、目の前の笠木忍は当時を振り返りそう言って笑った。37歳になった彼女の外見は、あの頃とあまり変わっていなかった。もちろん、それなりに年を重ねた大人の女性にはなっているものの、少し垢抜けなさの残る顔立ちはそのままだ。AV女優という言葉から想像するような、フェロモンに溢《あふ》れる華やかさとは無縁な佇《たたず》まいも変わらない。

しかし、その地味さもまた彼女の魅力だったのだ。

「自分だけが、彼女の本当の魅力を知っている」

接する者をそんな気持ちにさせてしまうところが笠木忍にはあり、それは今も失われていない。そんな女性が、どうしてAV業界へと足を踏み入れ、華やかな女の子たちを押しのけてトップクラスの人気女優となったのか。まずは、そこから聞きはじめた。

初めての撮影で3P、そして処女喪失

　笠木忍がAV女優となったのは、19歳のとき。秋葉原《あきはばら》でスカウトされた。

「ちょうど彼氏と上手《うま》くいってなくて、悶々《もんもん》としてたときに声をかけられたんです。最初はAVという話じゃなかったけど、脱ぐということは言われたんですよね。でも、『AVをやったらなにかが変わるんじゃないかな』って気持ちはありました。富士《ふじ》山を登ろうと決意するのと同じくらいの勢いとでもいうか……。登ったら、見える景色も変わるのかなって」

　しかしこのとき、彼女はまだ処女だった。

「事務所で面接されたときに経験人数を聞かれたんですけど、0人っていうのが恥ずかしくて、『ふたりくらいです』って言っちゃったんですよ。だからプロダクションの人もわたしが処女だとは知らなくて、初体験がAVでの3Pになっちゃったんです」

　プロダクションと契約し、仕事をはじめてしばらくは雑誌の撮影ばかりだった。

「最初の裸の仕事は、ちょっと田舎をデートするみたいな雑誌の企画だったんですよ。恋

人役の人とあっちこっち歩いて、旅館みたいなスタジオでカラミっぽい写真を撮ったんです。挿入はなくて疑似でしたけど」

見知らぬ男たちの前で裸になり、身体を触られて写真を撮られる。処女の19歳にとっては抵抗があったのではないかと思うのだが、彼女の受け取り方はちがった。

「そういう撮影現場って、みんながわたしをチヤホヤしてくれるじゃないですか。それまで、そういう経験が全然なかったから、なんか楽しくて」

雑誌の仕事をいくつかこなしたのちに、AVの撮影が決まる。それが彼女にとって、生まれて初めてのセックスだったのだが、スタッフの誰もそのことは知らなかった。

「そのときは、もうこの先、誰かと付き合える気がしなかったんですよ。全然モテなかったし、見た目も自信がなかったですから。『二十歳《はたち》になる前に初体験しておかないと』っていう焦りのほうが強かったんです。それがなんてタイトルの作品かも覚えてないです。撮影場所は新宿《しんじゅく》のシティホテルで、何人かの女の子を流れ作業のように順番に撮っていましたね」

本来なら、貴重な処女喪失物として撮影されるべき初体験なのだが、ごく普通の3Pとして淡々と撮られたAVデビュー作。特に血が出ることもなく、スタッフは最後まで誰も気づかなかったという。

「スタッフの人に『ここでフェラしてください』って言われても、実際にやったことないじゃないですか。でも、慣れているふりをして頑張ったんですよね。『次はエロい表情して』とか言われてもどういう顔すればいいのかわかってないんですけど……。精一杯、かつてエロ漫画で得た知識を駆使してやりました。頭でっかちで知識だけはあったから、なんとかなったんですよ」


それから月に1本程度のペースでAVの撮影は行われた。当時、彼女は看護学校に通っており、寮生活を送っていた。学費も生活費も自分で捻出《ねんしゅつ》していたため、AV女優として収入を得るまではキャバクラでバイトをしていた。人見知りでまったくしゃべれず、接客も得意ではなかったが、なにしろ若かったし、そんな純朴さを気に入る客も多くそれなりに指名もついていたという。

「AVの仕事をする前に、70歳くらいのおじいちゃんに誘われたことがあるんです。『それもいいかな』とも思ったんですけど、勃《た》たないっていうのを聞いて止めました（笑）。やっぱり、最初だし」

とはいえ、その処女は撮影の3Pで喪失してしまったのだから、今となってはどちらがよかったのかはわからないが……。

「AVの仕事をはじめたのは、稼げるという理由もあったんですよ。学校も忙しかったから、平日の夜にキャバクラで働くのは大変でした。それに比べると、撮影の仕事なら休みの日にできるじゃないですか」

笠木忍の人気は徐々に上がっていく。どこかのメーカーの専属女優ではないため、メーカーがプッシュするわけでもないし、雑誌がページを割いて特集するわけでもない。それでもAVファンたちは笠木忍の魅力を見逃さなかった。

笠木忍の出演した作品は好調な売上を記録するようになり、出演依頼もどんどん増えていく。それこそ、20本も撮影する月もあった。

「自分が売れているって実感はなかったですね。当時の看護学校の友だちで、ひとりだけ仕事のことを話してた子がいたんですよ。その子が彼氏から、雑誌のランキングでわたしが1位だったと聞いたと言っていて、それで『あ、そうなんだ』って思ったくらいですね。ファンレターもそんなに届いてたわけじゃないし、今みたいにTwitterとかのSN

Sで話題になることもないから、あんまりピンとこなかったんですよ。『仕事がいっぱいくるな』っていうくらいしか実感はなかった」

1年間ほどは看護学校に通いながらAVの仕事も両立していたが、やがて学校は辞めることになる。

「仕事が忙しくなったというのもあるんですけど、やっぱり看護って女の世界なので、それが辛《つら》くなったんですよね。わたし、女の人が苦手だから（笑）」

そしてなにより、撮影の仕事は楽しかった。

「メイクや衣装で綺麗《きれい》にしてもらえて、チヤホヤされるのも嬉しかったし、普通じゃできないようなエッチなこともするじゃないですか。経験したことがないことをするのは楽しかったんですよ」

いつしか笠木忍には、いじめられっ子というイメージが定着し、羞恥やSMといったハードなプレイも増えていった。「いじめられてもじつは喜んでいるのではないか？」とファンが思い込んでいるほどのM性は本来の彼女にはなかったが、それほど辛くもなかった。

「でも、なんか同じような内容ばかりになっていったので、『つまんないな』って思ってましたね。『こんな同じようなのばかり出して売れるのかな？』って余計な心配をしたり」

スタントマンを目指して養成所へ

00年にデビューした笠木忍は04年をもって引退する。その間の出演作は、500本を超えていた。

「25歳を前にして、『これじゃいかん、普通の仕事をしないと』って思うようになったんですよね。AV女優って、いつまでもできる仕事じゃないし、25歳を超えると一般社会だと働く場が一気に減るとも聞いていたから」

辞めてからなにをするということも決めておらず、特にやりたいこともなかったのだが、とりあえず引退宣言は出した。プロダクションも無理に引き止めるようなことはなかった。

「『長いこと頑張ってくれたし、ありがとう』みたいな感じでしたね。あの頃は現役で4年やったら、もうAV女優の活動期間としても長いほうだったので」

決めていなかった引退後の働き先だが、直前になってあっさりと決まった。よく出演していたAVメーカーのDogmaだった。

「『うちで事務でもやらないか?』って声をかけてもらったんです。AVメーカーですけど、普通の仕事をしてましたよ。通販の受注を受けて商品を詰めて送るとか、その他にも電話番をしたり、衣装部屋を片付けたりとか」

1年ほど働いたＤｏｇｍａを辞めたのは、やりたいことが見つかったからだ。そのやりたいこととは、それまでの彼女のイメージからするとあまりに意外なジャンルだった。

「Ｄｏｇｍａで働いているときに、腹膜炎になって入院したことがあったんですよ。そのとき病院でインターネットをやっていて、たまたま『ＪＡＣ』が養成所の人員を募集してるのを見たんです。それを見たときに、『あ、わたしアクションやってみたい』って思って」

ＪＡＣの正式名称は、『ジャパン・アクション・クラブ』。俳優の千葉《ちば》真一《しんいち》が世界で通用するアクション・スターを育成するために創立した団体で、01年には株式会社ジャパンアクションエンタープライズに社名変更している。

「バイクも好きだったし、クルマも好きだったから、そういう仕事をしてみたかったんですよ。『スタントマンやってみたいな』って」

おとなしそうなイメージの強い笠木忍だが、じつは中学高校時代は卓球部の部活動に懸命に打ち込んでいたし、中型バイクを乗り回すという一面も持っていた。

「応募してみたら、オーディションに受かったんですよ。それでＤｏｇｍａを辞めて、バイトをしながら養成所に通っていました」

スタントマンを目指した笠木忍だったが、養成所に入所してから自分の大きな勘違いに気づく。

「『ＪＡＣ』ってカースタントとかがメインじゃなくて、ヒーロー系中心なんですよね。それを入ってから知って、『ちがう、これじゃない！』って（笑）。だから、なんとか養成所は卒業したけどＪＡＣには所属しなかったんです。それでも楽しかったですよ。高いところから飛び降りたりとか殺陣《たて》をやったりとか、貴重な体験がたくさんできました。その頃もう25歳だったので、体力的には全然ついていけなくて大変でしたけど」

次なる興味を追い求めキャバクラで黒服として働く

養成所を卒業したのち、笠木忍はひっそりと「脱ぎ」の仕事に復帰している。縄師・ＡＶ監督として知られる雪村春樹《ゆきむらはるき》が主催する緊縛の講習会にモデルとして参加しているのだ。

「現役のときに知り合って、引退してからも雪村さんのところに出入りしてたんですよ。

雪村さんのことも好きだったし、縄の世界も好きだったから。養成所を卒業して、『さぁ、どうしよう』と思ってたら、『うちで事務でもやったら？』と言われて、雪村さんの事務所で働きはじめたんです。Ｄｏｇｍａと同じパターンですよね（笑）。現場でＡＤをやったりパッケージの作成をやったり、雪村さんに教わって自分でも縛ってみたり。そのときに縄の講習会でモデルもやったんですよね。もちろん裸で縛られました。ただ、復帰というつもりはなかったです。ちょっとお手伝いしているみたいな、そんな感じでした」

その後、今度はキャバクラで働きはじめる。ただし、キャバクラ嬢ではなくボーイ（黒服）としてだった。

「それなりに給料がよくて、興味を惹《ひ》かれる仕事を探そうって思っていたところで見つけたのがキャバクラの黒服だったんです。あと、『社会保険があるのがいいなって』（笑）。それまで、社会保険があるところで働いたことがなかったので」

キャバクラでは、スーツとネクタイ姿で髪も短くしていたこともあり、まったく客に気づかれることはなかった。

「でも、ひとりだけいたんですよ。キャストの女の子から、『あのお客さんが、笠木忍に似てるって言ってるんですけど』って。わたしの写真集も持ってるくらい好きだったらしいんですよね。『似てるってよく言われますけど、ちがいます』ってごまかしました」

じつは養成所時代も同級生にバレてしまったことがあった。

「面と向かって直接言ってくれればいいのに、わたしを見てコソコソ笑ってるんですよね。あれは嫌でしたね。あのときは辞めたくなりました。でも、『よく気がついたな』とも思いましたね」

笠木忍というAV女優が、そんなに「有名」な存在だったという実感は本人にはまったくなかった。だから他人に気がつかれるということは、本人にとっては意外だったのだ。

キャバクラでは2年ほど働き、彼女は30歳を迎えていた。そして、笠木忍はAVに復帰する。11年のことだ。引退してから、7年の歳月が過ぎていた。

7年ぶりにAV女優に電撃復帰

「復帰の理由？　男日照りですよ」

彼女はそう言って笑った。当時のインタビューでも、実際にそう答えていたが、それはあくまでもマスコミやファンへ向けたサービス的な発言だろうととらえていた。しかし、紛れもない本心だったというのだ。

「本当にそれが一番大きいんですよ。そのとき、一応彼氏がいたんですけどもう全然やってくれないんです。『自分はもう女として魅力がないのかな』って思っちゃって……。あと、そのとき凄《すご》く痩《や》せたんですよ。自分のなかでは、『今までで一番スタイルがいいな』って状態。なんかもう自信が漲《みなぎ》って、『この身体を誰かに見てほしい』って思ったんですよね。『痩せたからどんな体位でもできるな』『駅弁とかでも遠慮なくできるな』なんて考えたりして（笑）」

確かに、復帰したときの笠木忍は美しかった。顔立ちも身体つきも、かつての面影を残しつつしっかりとシェイプアップされ、大人の女の色気も身につけていた。

「昔AVをやっていたときは、けっこうポッチャリしてたから男優さんに『申し訳ないな』って気持ちがあった。だから、自分から積極的にいくみたいなことはできなかったんです。でもこのときは自信があったから、グイグイいっちゃいましたね。それがまた楽しかった」

かつてのキカタン女王の7年ぶりの復活は、AV業界でも話題となった。復活作は大々的に告知され、雑誌でも特集が組まれた。

「復帰の発表をした日なんかはネットの反応を見ましたよ。『老けた』とか、そんな声なんかも当然ありました。どちらかというとネガティブな声を拾っちゃう性格なので落ち込みはしますけど、でも『ちゃんと見てもらえれば、そんなに老けてないのがわかるよ』なんて思っていましたね。あの頃はけっこう強気でした、わたし（笑）」


7年ぶりに帰還したAV業界は、大きく様変わりしていた。笠木忍が引退した04年頃は、日本のAVが最も勢いがあった時期だったと言える。しかしその後、AV業界には不景気の波が押し寄せ、制作現場のムードもどんどん変わっていった。

「以前のように、監督さんが『冒険しよう』って考えないようになっていた気がしましたね。前ならもっと、『ここを変えてこうしちゃおう』って考えながら撮っていたような気がしたんですけど、復帰した頃はきっちり段取りが決まっていて、そのとおりに撮るんです。だから時間も押さずにぴったりに終わるんです。いろいろと制約が多いみたいで、『自由がないんだろうな』って思いました。いわゆる、お仕事っていう感じでした」

31歳での再デビュー。当然のように、ロリ系の出演作が多かった以前とはちがって人妻物へのオファーが多くなる。ただ、笠木忍は30歳を過ぎても、顔立ちに幼さが残っていて「セクシーな人妻」というイメージとはズレがあった。

「なんか制作側も困ってたみたいなんですよね。さすがにロリは無理だろうけど、人妻もなんかちがうなって。そういう空気が伝わってくるし、こっちも『どうしたらいいんだろう』って悩んでしまったり……」

以前の「いじめられっ子」のイメージを生かした凌辱物も撮られたが、正反対のジャンルである痴女物もあった。

「復帰するときに、『なんでもやります』と言った手前、『痴女もできなくちゃダメだ』と思って、男性を責めるテクニックも必死になって研究しましたよ。やってみると、楽しかったですけどね」

ブランクを置いて復帰したAV女優は、みんな口を揃えて「以前より大変になった」と言うが、笠木忍はそうは感じなかったようだ。なぜなら彼女は、AVが一番ハードだった時代に活躍していた女優だったからだ。

「でも、潮吹きがあたりまえになっていたのには驚きましたね。凄く潮を吹く人と共演してびっくりしました（笑）。『今の時代は派手じゃないとダメなんだな』『なにか一芸がないとダメなんだな』って感じました」

正直なところを言えば、カムバックした笠木忍は微妙な立ち位置のＡＶ女優だった。年齢的にロリは難しいものの、妖艶《ようえん》な熟女でもない。痴女役もあまりハマっていなかった。

かつては愛された垢抜けない不器用そうなキャラクターは、現在のＡＶ業界のニーズとはズレてしまっていた。ＡＶ業界には、可愛くてスキルの高い器用な女優が溢れていた。

2度目のＡＶ引退

復帰して1年間で40本ほどの作品に出演して、笠木忍は再びＡＶ業界を去る。今度はちゃんとした引退宣言はなく、フェイドアウトのような終わり方だった。

「アナルセックスはずっとＮＧだったんですけど、復帰した身だし『あんまり贅沢《ぜいたく》は言えないなぁ』と思って出てみたんです。でも、やっぱり痛くて。これで『アナル大丈夫です』って言ったら、『アナルの仕事ばっかりくるんだろうな』って思ったら、『もう辞めよう』って気持ちになったんですよね。１年やってひととおりメーカーを回ったら、これからそんなに仕事もないだろうなって」

その頃、笠木忍はとある介護系の資格を取るべく、学校に通いはじめていた。

「当時、女友だちとハプニングバーに遊びに行ったことがあったんですよ。そこの店員さんが、その資格を取る学校に行っていて話を聞く機会があったんです。『手に職があるのいいな』って思って、わたしもその学校に行こうって決めたんです」


ＡＶ復帰の直前に東日本大震災があった。現地でボランティアをしている人たちの姿をテレビのニュースでたくさん見た。

「いつか絶対こっち（関東）でも震災があるだろうから、そのときに『誰かを楽にしてあげられる仕事がいいな』って思ってたんです。その矢先に、ハプニングバーでそんな話を聞いたから、『あ、これだ！』って気持ちになったんです」

学費を稼ぐために再びキャバクラで働くことにした。以前、黒服として勤務していた店だ。

「学校に行って勉強もしないといけないから、時間的にも『普通のバイトよりもいいかな』って。それなら勝手知ったる店のほうがやりやすい。だから、『スタッフじゃなくてキャストとして働かせてもらえませんか？』ってお願いして（笑）」

このとき、店でも「笠木忍」という名前を使った。

「前に黒服で働いていたときも、部長と社長にはAVをやっていたことは言ってあったんですよ。それで、『今度はキャスト側で働くので、その名前で出たほうがお客さんが来てくれるかもしれないからいいですか？』と確認して。普通に働いていたら指名はあんまりつかないだろうなってのはわかってたんです。わたしは上手に喋《しゃべ》れないし、甘えたりとかもできないですから。やっぱり指名を取ってなんぼの世界なんですよね。部長もわたしがそういう性格だっていうのをよくわかっているので、店での名前は笠木忍でいこうとなったんです」

やはり、笠木忍という名前の効果は大きかった。多くのファンが彼女に会いに店を訪れた。

「ちょっと自慢でもあるんですけど、わたしのファンって、純粋でいい人ばかりなんですよね。『いちAV女優にこれだけ思ってくれるのかぁ』って、嬉しかったですね。当時のAVの話もしましたけど、ほとんどは世間話。意外にエロい話にはならなかったです」

実際にどうだったのかはわからないが、下心を持って近づいてくるような客はいなかったと彼女は感じていたようだった。

「お兄ちゃん的な感じですかね。みんなわたしを凄く心配してくれるんですよ。本名でもないわたしに対して、『よくそこまで思ってくれるなぁ』って、不思議な気持ちでしたね」

ＡＶの撮影を辞めてからも、ヌード撮影会の仕事は続けていた。

「裸を見せること自体は楽しかったんですよね。でも、だんだん肥えてきちゃって（笑）、ちょっと『身体を見せるの嫌だな』って思いはじめたんです。それと、学校に入ってからは『あまり目立つことをするのはよそう』とも考えて。だから、撮影会が最後の裸のお仕事でした。もうそれ以来、人前で裸になってないんですよね」

現在、笠木忍は学校を卒業して資格を取り、介護関係の仕事をしている。もちろん、そちらでは本名で働いているが、今でもスナックで週に2～3回、笠木忍の名前で店に出ている。そこは、キャバクラで一緒に働いていた女の子たちが開いた店だ。

「でも、もうあの頃の笠木忍とはキャラ的には別人っぽいかもしれないですね。よくしゃべるようになっていますから。お店に来てくれるお客さんも、あの当時の笠木忍と話しているというのとは、もうちがっているかもしれない」

筆者は00年代の笠木忍とは、何度も仕事をしている。インタビューやイベントでも話しているし、ＡＶ監督として彼女の出演作を撮ったこともある。

その頃の彼女は、確かにしゃべらない子だった。無口で、不器用そうで、自信なげにおどおどしていた。でも、時折見せる笑顔が、なんとも愛らしかった。

11年に復帰してからも、何度も仕事をした。筆者がやっているバンドのライブを見にきてくれたこともあった。その際に会ったときは、『以前よりは少し明るくなったな』『しゃべるようになったな』という印象だった。

そして、２度目にＡＶを引退して５年後にこの取材で会った笠木忍はさらに明るく話してくれた。いや、もちろん決して早口でまくしたてるような高いテンションでしゃべるわけではない。どこか不器用そうな朴訥《ぼくとつ》とした印象はあまり変わっていない。しかしその表情には、かつてに比べるとすっきりとした明るさを感じさせるものがあった。

ＡＶ女優をやって得たもの

　資格を取るために通っていた学校では、彼女が元ＡＶ女優の笠木忍であることは知られていたという。

「同い年の男の子がいたんですけど、『みんな知ってるよ』って言ってましたね。でも、特にへんな目で見られることはなかった。今の職場ではたぶん知られてないと思います。相手はおじいちゃんとおばあちゃんですしね（笑）」

　これまで、ＡＶの仕事をやってきたことで、好奇の目で見られることがなかったわけではないが、それほど酷《ひど》い目にあったこともなかった。

　振り返ってみて、ＡＶ女優という仕事をやったことに後悔はないのか、率直な疑問を投げかけてみた。

「後悔……。後悔はあるのかなぁ。やってなかったら、もうちょっと……いや、でもなぁ、やっぱりやってたからっていうのもあるからなぁ……」

　ちょっと迷ったように、そう呟《つぶや》く。後悔しているとも、していないとも、はっきりと断言はできないようだった。

「『普通の生活がしたい』というのもあるんですけど、アウトローな世界に憧《あこが》れるところもあるんですよ。『普通の女の子は経験してないようなことをわたしは知っている』みたいな。今は、地味に暮らしたいというのが強いので、そう考えるとやらなかったほうがよかったのかな、とも思うんですけど……。でも、どうだろう。うーん。やっていたほうがわたしの人生にとってはプラスだったのかな。うん、やってなかったら、本当に誰ともしゃべらないような生活をしていたかもしれないし、もっとつまらない人生だったような気がします。あと、まぁエッチは確実に地味なエッチしかできなかったですね。AV女優になったことで、いろいろな経験ができた。それは重要です（笑）」

20歳でAVデビューするまで処女だった笠木忍だが、セックスへの興味が薄かったわけではない。父親が隠し持っていたエロ劇画を見て、小学3年生の頃からオナニーに目覚めているし、中学1年生のときには、好きだった教師に自分がフェラをするようなエロ漫画を描いたりもしている。

『早く初体験したい』という気持ちもあった。ただ、地味な性格が災いして、男性とも縁がなく、なかなかチャンスには恵まれずにＡＶ撮影で処女を喪失するということとなった。

笠木忍にとって、ＡＶで体験するセックスは刺激的だった。

「男優さんとするのが嫌だと思ったことないんですよね。純粋に楽しかった。特に再デビューしたときが本当によかった。やっぱり30歳を過ぎると身体が変わるみたいですね（笑）。カメラが回ってないところでも、イッてましたもん。男優さんの上で座位で入ってる状態で、照明を変えるというんで撮影がストップしてるのに、やたら気持ちよくてイッちゃったんですよね。その男優さん、腰を動かしていないのに（笑）。あと、前よりもしゃべれるようになったから、昔、密《ひそ》かに『ちょっといいな』と思ってた男優さんに『好きだったんですよ』って言ったら『そうだったんだ。嫌われてるんだと思ってた』って言われて、ちょっといい雰囲気になったりして。再デビューのときは、そういう部分でも楽しかったですよ」

それでは、今はどうなのだろう？

「仕事がちゃんとあったりして、それ（セックス）以外で満たされているので、『ＡＶに出てまでセックスしたい』という気持ちじゃないですね。でも、ＡＶに出られない一番の理由は、また太っちゃったから人に見せられる身体じゃないんですよ。これでまた10キロ痩せたらわかんないですね。『見てもらいたい』って気持ちになるかもしれない」

あの「いじめられっ子」はもういない

笠木忍がAV復帰した11年、ビクターエンタテインメントからとある曲が配信リリースされた。曲名は『ハートがまっぷたつ』。作詞・作曲はAV監督の犬神涼《いぬがみりょう》。歌っているのは笠木忍だ。

もともとは、02年に『放課後レズビアン しのぶのペニバン日記』（RADIX）という笠木忍主演作（共演は桜田《さくらだ》由加里《ゆかり》、松山《まつやま》美香《みか》）の主題歌としてつくられた曲だ。その後、引退記念にリリースされた『笠木忍 メモリアルBOX』（04年）の初回特典としてCD化された。作詞作曲の犬神涼は、『しのぶのペニバン日記』の監督でもある。

たどたどしく不安定きわまりない笠木忍の歌声が、思春期の少女のナイーブな心情を綴《つづ》った切ない楽曲に奇跡的なマッチングを見せている。これは笠木忍にしか歌えない。笠木忍だからこそ心に響く。『ハートがまっぷたつ』は、そんな曲だった。

AVのオマケに過ぎないはずのこの曲は、その後、音楽ファンの間で密かに広まっていき、隠れた名曲として一部で話題となる。じつは筆者もＤＪで何度かかけたことがある。音声合成ソフトであるボーカロイドの歌唱によるカバーバージョンが、ネット上にアップされたこともあった。

そして笠木忍のＡＶ復帰に合わせて、ビクターエンタテインメントからの正式配信が決まったのである。発表から９年を経ての出来事だった。『ビクターエンタテインメントチャンネル』にアップされたＹｏｕＴｕｂｅの解説文はこうだ。

――せつなさ、無限大…。カルト的人気が続いていた笠木忍の名曲『ハートがまっぷたつ』が、２０１１年11月９日、ついに正式に配信リリース決定。あまりにもせつない歌詞、美しいメロディー、そして魂を揺さぶる奇跡の歌声…。本物の感動を贈ります。

この『ハートがまっぷたつ』の話をすると、笠木忍は顔を真っ赤にして照れ笑いを浮かべた。

「あれ、黒歴史なんですよ。本当に歌が酷くて。せめて出すなら、歌い直させてほしいですよ。今なら、もう少し上手く歌えますから」

しかし、あの曲はあのときの笠木忍が歌ったからこそ、心に響いたのだ。うまく人と話せなくて、密かに『いいな』と思っていた男優がいてもそっけない態度しか取れずに、相手が嫌われていると思ってしまうような不器用な女の子の歌声だったから、聴き継がれる名曲となったのだ。今、筆者の目の前にいる彼女は15年前のあの少女ではない。国家資格が必要な、「手に職」を持ったひとりの働く女性である。

ロリ系のAV女優は、作品で見るイメージと本人のキャラクターが大きく乖離《かいり》していることが不思議と多い。なぜならば、彼女たちはニーズに応えるように少女を演じているからだ。それは、笠木忍が活躍していたキカタンブームの頃も今も変わらない。

「他のロリ系のAV女優さんを見ていると、びっくりすることが多かったですね。あんなに可愛いのに、『えっ？』みたいな（笑）。軽くショックを受けてました」

カメラが回っていないときのロリ系女優は、意外にサバサバした男っぽい性格の子が多い。別の側面から見れば、男が友だちのように付き合えるタイプ。それはそれで魅力的なのだが、彼女たちが作品のなかで演じている女の子とは、あまりにイメージがちがうことに面食らう。

しかし、15年前に筆者が会った笠木忍はカメラが止まっても笠木忍のままだった。

「最初の頃はそれでも可愛い感じの女の子になろうと頑張ってたんですけど、だんだんそのままの素でいいという依頼が多くなっていったんですよね。だから、そのままやってましたね。素のまんまで現場に行って、そのまま撮って、家に帰るみたいな」

今はスナックの仕事では笠木忍を名乗っていても、あの頃の笠木忍のイメージとはずいぶん離れている。それは、素の本人が変わっているからだ。

「でもやっぱり、笠木忍という名前には愛着もありますし、しっくりきますね。今、職場に『シノブ』って名前のおばちゃんがいるんですよ。その人が『シノブさん』と呼ばれる度にビクってしちゃう（笑）。この先もずっとそうなんじゃないかな」

最後に、これからの未来について聞いてみた。

「今の仕事で、『一花咲かせたいな』ってことは考えるんですよ。今の仕事で会社をつくったり、本を出したり、テレビに出たりしてみたいとか。それが実現したら、笠木忍だったってバレちゃうかもしれないんですけど、それはそれでいいかなって。今度は、本名のほうで名前を残したい、一花咲かせたいって思ってるんです」

かつての笠木忍の魅力であった、あの不安定さは自己評価の低さからきていたのだろう。他人と上手く話せず、ルックスにも自信がない。だから、現場では言われるがままに乱暴に扱われ、辛い責めにもじっと黙って耐える。そんな姿にAVファンは、加虐心と保護欲を掻き立てられていたのだ。

しかし、現在の彼女はしっかりと自分の2本の足で立っている。資格を取ったことが彼女の自信につながっているのかもしれない。『ハートがまっぷたつ』が似合うあの少女はもうどこにもいないのだ。

ここで告白しておくと、30年にわたってAVライターの仕事をしてきた筆者の、オールタイムベストAV女優は笠木忍である。今でも、中古ショップなどでかつての出演作を発見すると買い集め、コレクションしているほどだ。

あの、所在なさそうな表情で怯《おび》える少女をこよなく愛している。過去の作品を見る度に、胸がしめつけられるような感情に襲われる。

でも、それとは別に、目の前にいる37歳の彼女もまた素敵だと思うのだ。

AV女優、のち

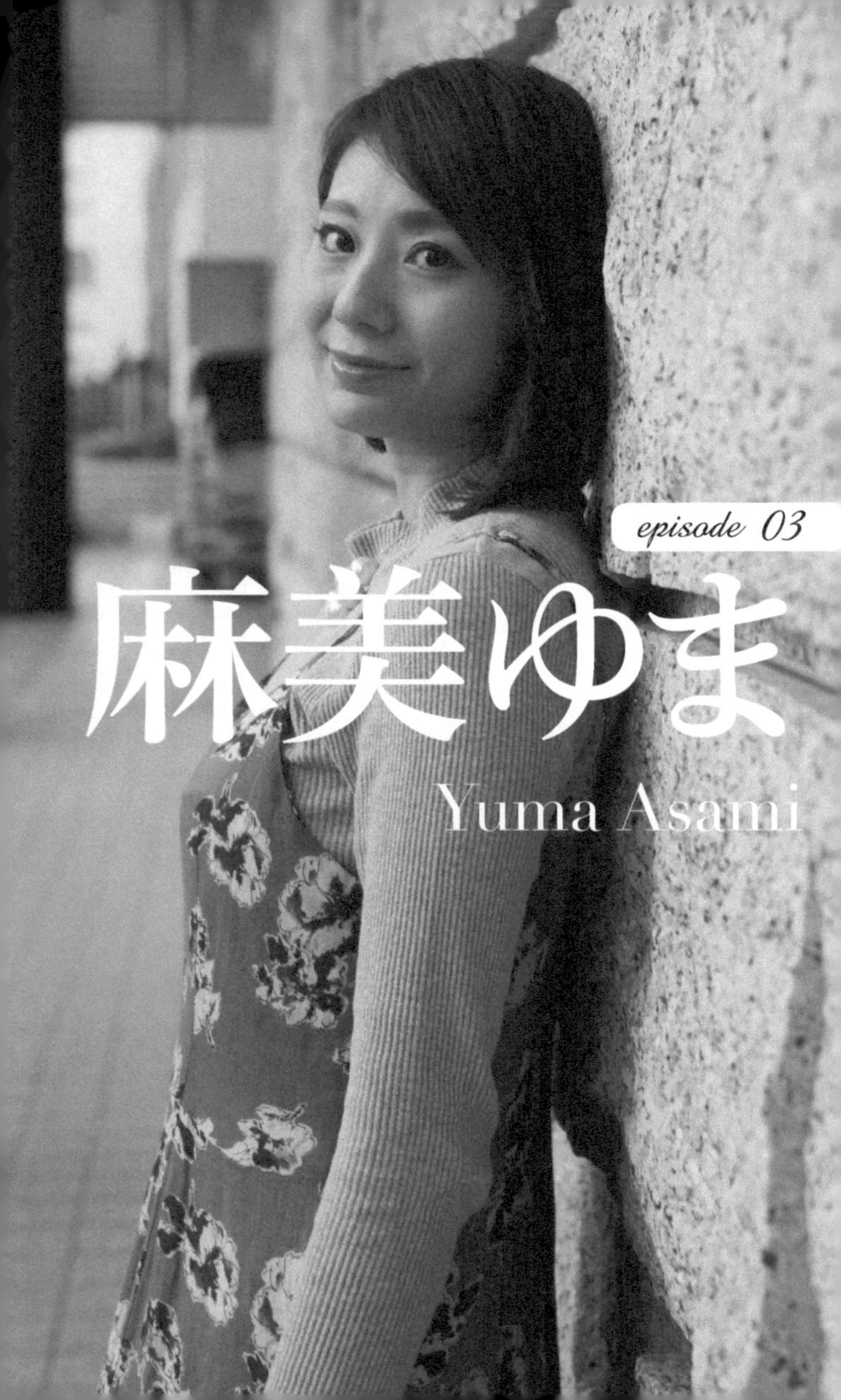

episode 03

麻美ゆま

Yuma Asami

リセットにしたくない。『Re Start』という言葉を大事に生きる

Profile

あさみ・ゆま●1987年3月24日、群馬県に生まれる。2005年にAVデビュー。レンタルとセル同時専属という型破りなデビューで話題になり、抜群のスタイルと愛くるしい笑顔で一気にトップ女優へと上り詰める。AVのみならずテレビでも人気を博すが、13年に境界悪性腫瘍の診断を受けて子宮と卵巣を摘出するという大手術を受ける。15年に卒業。現在は、タレント・歌手として活動するだけでなく、自身の病気体験をメディアや講演会などで積極的に伝え、予防や早期検査の啓蒙活動を行っている

超人気AV女優の突然のリタイア

――2月から体調不良でお休みを頂いてますが、応援してくださってる皆さんには、自分の口から本当の事をお話ししたかったので、今日この場を借りてお伝えします。

2月頭に、卵巣に良くない腫瘍《しゅよう》が見つかり、手術を行い、現在抗がん剤の治療をしています。

2013年6月6日――麻美ゆまは自身のTwitterで、抗がん剤による闘病をしていることをファンに向けて報告した。

参加しているアイドルグループ恵比寿マスカッツの解散ツアーも初日から体調不良で欠席。4月7日に行われた解散コンサートには出演したものの、尋常ではない痩《や》せ方をしていたため、ファンの間でも体調を心配する声があがっていた。

そして翌日のスポーツ新聞では、麻美ゆまの病状の詳細が報道された。

――セクシーグループ、恵比寿マスカッツのメンバーとして活躍した人気AV女優、麻美（あさみ）ゆま（26）が今年2月、良性と悪性の中間的性格を持つ境界悪性腫瘍のため、卵巣と子宮を全摘出する手術を受けたことが6日、分かった。関係者によると、直腸にも転移しており、抗がん剤治療中という。麻美はこの日、ツイッターを更新し、闘病を明かすとともに、ファンに向け「元気に前向きに頑張っています」と気丈な心情を吐露した。
（サンケイスポーツ　13年6月7日）

トップAV女優が、卵巣と子宮を全摘出する手術を受けていたというショッキングなニュースに世間は騒然とした。そして、病状が発覚する直前の2月に撮影され、同年5月24日に発売された『夫を腹上死させた未亡人』（アリスJAPAN）がAV女優・麻美ゆまの最後の作品となった。

「よりによって、最後の作品が『夫を腹上死させた未亡人』ですよ。パッケージもわたしの喪服姿だし（笑）。せめてもう少しハッピーなタイトルで終わりたかったですよね」

そう言って麻美ゆまは笑う。取材の場となった出版社の会議室に現れた彼女は、AV女優の現役時代と変わらない健康的な笑顔を見せてくれた。

「胸もだいぶ戻りましたよ。最後の1年間って、凄《すご》く変な痩せ方をしてたんですよ。ファンの方からも心配されるくらいに。だから、たぶんそのときよりも今のほうがいい身体をしていると思いますよ」

筆者は現役時代に、何度か彼女のインタビューをしたりトークイベントで共演したりしているが、会う度にその「AVアイドルとしての完璧《かんぺき》さ」に驚かされていた。もちろんAVの出演作を観ても同じことを感じた。

「麻美ゆまの作品にハズレなし」

事実、過去に執筆した原稿に何度もそんなことを書いている。

麻美ゆまは05年のデビューからして、型破りだった。アリスJAPANとエスワンというふたつのメーカーの同時専属。すでに、みひろなどダブル専属のAV女優は前例があったのだが、彼女の場合はレンタル系メーカーとセル系メーカーの2社だったため業界を驚かせたのだ。05年の段階では、老舗《しにせ》が多いレンタル系メーカーと、新興のセル系メーカーは微妙な温度差を持っていた。セル系メーカーで仕事をした監督は、レンタル系メーカーには出入り禁止ということまであったほどだ。ふたつの陣営は、対立していたと言ってもいいだろう。

みひろの章でも書いたように、この時期の単体AV女優は、レンタル系メーカーでデビューして知名度を高めたところで、露出度も高く内容もハードなセル系メーカーへ移籍するというのが定番パターンであった。なのに、麻美ゆまはレンタル系メーカーとセル系メーカーの両方から同時に作品をリリースするというのだ。それこそ、業界では前代未聞のデビューだったのである。

以前、アリスJAPANのプロデューサーに聞いたところによると、協議を繰り返したが両社とも折れなかったためにダブル専属というかたちになったという。『絶対に売れる』。麻美ゆまは業界関係者をそう確信させる逸材だったのだ。

そして、その読みはズバリと当たった。デビューするやいなや、たちまちAVのトップアイドルへと駆け上がったのだ。

国内最大級のAV通販・ダウンロードサイトの『DMM. R18』（当時は『DMM』）の女優別売上げランキングでは、デビューした月の1位を獲得。セルデビュー作となる『新人×ギリギリモザイク　麻美ゆま』もタイトル別ランキングで1位。さらに、その年の年間女優ランキングでも1位に輝いている。

その人気は、活動休止する12年まで衰えることはなかった。デビュー以来、8年間もの間、年間女優ランキングのベスト5に入り続けていたのである。そんなＡＶ女優は、麻美ゆま以外には存在していないし、おそらく今後も現れないのではないだろうか。

そして08年からの恵比寿マスカッツへの参加により、彼女の人気はＡＶファンの間だけではなく、一般層、特に女性の間にも広まっていった。

そんな超人気ＡＶ女優が、病気によりリタイアを余儀なくされたのである。

ＡＶ女優、麻美ゆまが生まれるまで

麻美ゆまは、18歳になると生まれ育った群馬県高崎《たかさき》市から上京してきた。留学する資金を貯めるのが目的だった。

高校は中退していた。英語を学びたくて英語科に通っていたが、バイト漬けで出席日数が足りなかったことから、留年が決まってしまい、「それならば自分で大検を取ったほうが早い」と、さっさと1年で高校は辞めてしまったという。

先に東京に行っていた姉から、「東京のほうが時給がいいから、お金を貯めたいならこっちに来たほうがいいよ」と誘われての上京だった。

東京にやってきた麻美ゆまに、姉は自分が所属していた芸能プロダクションを紹介した。

「もともと姉がその事務所に所属していて、レースクイーンやグラビアの仕事をしていたんです。わたしの写真を見せたら社長が凄《すご》く気に入ってくれて『ぜひ妹を紹介してくれ』という話になったそうなんです。昔から胸が大きかったから、よく周囲から『イエローキャブに入ったらいいのに』って言われていたんですよね」

麻美ゆまは中学校1年生の頃から胸が大きく、初めて買ったブラジャーがFカップだったことから、「エフちゃん」というあだ名をつけられてしまったほどだ。今でも地元の友人からは「エフちゃん」と呼ばれているのだという。高校に入ると、そのバストはHカップに成長していた。

芸能界に憧《あこが》れはあった。小学生の頃に市主催のカラオケ大会に出場したり、自ら応募してミュージカルの舞台に出演したりしたこともあった。とはいえ、そのときは「社会経験として面白いのでは」くらいの気持ちで、麻美ゆまはそのプロダクションに所属することにした。

麻生由真《あそうゆま》の名前でグラビアアイドルとしての活動がはじまった。といっても、仕事は数えるほどしかなく、六本木《ろっぽんぎ》のクラブでホステスとして働くほうがメインであった。

東京に来てみたものの、それほど稼げるわけでもなく、友だちもいなくて寂しい日々が続いた。それならば、「高崎に帰って地元で働いてお金を貯めたほうがいいのではないか」と考え、当時所属していたプロダクションの社長に辞めたい意思を伝えた。

ところが社長は、まったく予期せぬ意外なことを言いだした。

「契約があるから辞められないよ。ＡＶに出ないと」

そのプロダクションがＡＶ女優を扱っていることは知っていたが、自分はそのつもりはなかったし、紹介した姉もそれは考えていなかった。のちにＡＶ出演を知った姉は泣きながら事務所に抗議したと言う。

しかし社長は強引にＡＶ出演を迫ってくる。

「ＡＶに出れば、留学するための資金なんてすぐ貯まるよ」

お金を貯めたいという気持ちはあった。経営していたフィリピンパブが潰れてしまった実家の経済状況が厳しいことも知っていた。若い頃から働いていて、お金を稼ぐことがどれくらい大変なことかもよくわかっていた。ＡＶのギャラは、正直言って魅力的に映った。

そのお金を手にできれば、実家に仕送りすることも可能だ。

悩んだ末に、母親に電話をして相談することにした。「そんなことやめなさい。早く群馬に帰って来なさい！」という答えが返ってくると思っていたのだが、母親の言葉は「あなたの人生なんだから、自分で考えて好きにしなさい」というものだった。

「やってみようかな」そんな気持ちが生まれた。とにかくお金を貯めて、さっさと引退しよう。そうして、ＡＶ女優になることを決意した。

芸名を麻生由真から麻美ゆまへと変えて、メーカーを回って面接を受けた。レンタル系メーカーのアリスＪＡＰＡＮと、セル系メーカーのエスワンが手を挙げ、どちらも降りなかったことからレンタルとセルの2社専属ということになった。

「本当はセルのほうがよかったんです。レンタルだとＴＳＵＴＡＹＡさんとかにも置かれて、友だちにもバレちゃうかもしれない。でも、セルだと『そんなに買う人もいないんじゃないかな』って思ったんですよね。でも、レンタルとセルの同時専属がいかに異例で凄いことなのかという話を聞いて、『それなら、もうとことんやってみよう』と思ったんです。それでやる気が出てきたんですよね」

そして麻美ゆまは、デビューするなりたちまちトップAV女優の仲間入りを果たした。

「最初の頃はランキングで1位になったといっても、あまりピンとこなかったんです。今みたいにSNSがあるわけでもないから、ファンの人がいるというのも実感がなくて。でも、イベントをやればたくさんのお客さんが来てくれるし、地元に帰れば『エフ、この間TSUTAYAで1位になってたぜ』なんて友だちに言われるし（笑）」

AVの撮影だけではなく、グラビア撮影にインタビュー取材、イベントと仕事は多岐に渡った。テレビのバラエティ番組やドラマに出演することもあった。あらゆる仕事が楽しく感じられた。人気AV女優となったことで、麻美ゆまの生活は一変した。それこそ、休む暇もないほどの忙しさだった。

「いつも明るく元気な麻美ゆま」の陰で……

05年10月28日にアリスJAPANから発売された、麻美ゆまの記念すべきデビュー作『純情ハードコア』を見てみよう。

まず定番のインタビューからはじまる。白いタンクトップ姿で、目を大きく見開いて満面の笑みを浮かべる18歳の麻美ゆま。若いというよりも幼い感じで、まるで赤ちゃんのように無邪気な表情だ。

インタビュアーが話しかける。

「一大決心ですね」

「うん、一大決心した」

「後悔しないですか？」

「しない」

たどたどしいタメ口も初々しく愛らしい。

「自分の性格は？」

「超元気、元気」

「悩んだりする？」

「悩むけど、絶対人には言わないと思う」

「じゃあ、無理して元気なふりしてたりはある？」

「あー、でも自分では無理してると思ってないから」

同じ時期に発売されたAV情報誌『月刊DMM』(ジーオーティー)でのインタビューでも、彼女の明るくはっきりした性格がうかがえる。

——なんかイメージシーンとかでも、20~30本出てるモデルさんみたいに堂々としてるもん。

麻美：そうですね。ほとんどテイク1でOKだったでしょ？ むかしから度胸と好奇心はある感じで。なんでも楽しんでガーッとやるというか。

(中略)

麻美：そんなにうれしそうですか？ なんか私、いつも楽しいんですよ。

——ああ~。向いてる向いてる、この仕事に(笑)。とにかく全編通してこの笑顔がいいよね。

「明るく、可愛く、元気」。Hカップの巨乳以上に、そのキャラクターが麻美ゆまのチャームポイントであった。そのフレーズは常に彼女についてまわった。出演していたテレビ番組『おねがい！マスカット』でも、彼女につけられたキャッチコピーは『番組の元気印』であったほどだ。

あの明るいキャラクターは、彼女本来のものだったのか。それとも、意識的に演技していたものだったのか。

「自分ではおっぱいで勝負したいという気持ちは全然なかったんです。じゃあ、なにが自分の取り柄かなと思ったら、『元気しかないな』って。バイトをしていたときも、『いつも元気だよね』って言われてましたからね（笑）。どんな女優になりたいかと聞かれたときに自然と出てきたのが、『エッチなだけじゃなくて、寂しいときや悲しいときにわたしの笑顔で元気になってもらえるような女優さんになりたいです』ということだったんです」

デビューの時点では、本名である「さやか」と、ＡＶ女優・麻美ゆまのキャラクターはそれほど離れていなかった。

「ただ、やっぱり『ゆまちゃん、テンション高いな』って言われていて、それがさやかに戻った瞬間に、反動でネガティブになってしまったり不安になってしまったりというのはありましたね。仕事をしているとき、麻美ゆまでいる時間のほうが楽しかった。ゆまちゃんに助けられたという部分は大きかったです。仕事が好きだったんですよね」

その一方で、つくり上げた明るいキャラクターが彼女を悩ませる部分もあった。

14年に発売された、麻美ゆまの自叙伝『ＲｅＳｔａｒｔ～どんな時も自分を信じて～』（講談社）には、そんなイメージのギャップに苦しんだことに触れた一節がある。


撮影のほかにも、私を悩ませるものが……。

〝いつも元気なゆまちゃん〟という私のイメージです。

もちろん、見ている人に元気を与えたいと思ってはいるのですが、私の性格が影響してか、弱い部分を誰にも見せることができなくなってしまいました。

（中略）

元気で明るいのが私なんだから、みんなに落ち込んだ顔を見せてはいけない……

いつだって、どんな時だって明るくいなきゃ
そう思ってしまう。

（中略）

時には、消えたいな……と思う時もありました。そんな状況でも、誰にも相談できず、ふさぎこんだままでいたのです。

同書には、仕事のストレスで衝動買いを繰り返していたという記述もある。まだ免許を取得していないうちに３００万円のクルマを購入して、結局ほとんど乗らなかったり、パソコンや掃除ロボットを購入したのに箱から出さないままであったりというエピソードも掲載されている。

ＡＶやグラビアで見る笑顔の向こう側には、やはり、悩みを抱える20代の女性がいたのである。そしてもうひとつ、ＡＶ女優である彼女を悩ませる問題があった。恋愛である。

ＡＶ女優が恋愛をするということ

『ＲｅＳｔａｒｔ～どんな時も自分を信じて～』には、男性遍歴も赤裸々に書かれている。小学校1年生のときの幼馴染《おさななじみ》への初恋からはじまって、中学校3年生のときの初体験、はじめてセックスが「気持ちいい」ものだと教えてくれた相手。そして、ＡＶ女優としてデビューしてからの恋についても記されている。麻美ゆまは、自らを「恋愛体質」だと言う。

その一方で、ＡＶ撮影を別にすれば、好きではない相手とセックスをしたことはないとも言う。いわゆる、ワンナイトラブの経験もない。

「このお仕事をはじめてから付き合ったのは、業界の方でした。群馬にいた頃は付き合ってもいつも長続きしなかったんですけど、その人とはずいぶん長くお付き合いしましたね。同じ業界なので、仕事に関しては理解してくれていたのですが、それでもふたりのときは仕事の話はしないようにしていました。部屋にわたしのDVDがあったりすると、言わなくても彼が気にしてるのがわかるんですよね」

もともと結婚願望は強かったが、AV女優でいるうちは難しいだろうとも考えていた。

「いつだって、『ゆくゆくは結婚したい』と思って男性とお付き合いするんですよ。でも、結局その人は同居しているお母さんに紹介してくれなかったんですね。自分も相手の親にどう説明すればいいのか、葛藤《かっとう》していましたし」

麻美ゆま自身も、AV女優という職業に対して複雑な思いを持っていた。

「恥ずかしい職業というよりも、『特殊な職業なんだな』という意識ですね。たとえば新しい美容室に行って『お仕事はなにやってるんですか？』と聞かれたときに、やっぱり素直に『AV女優です』とは言えないんですよね。仕事に対してプライドもあったし、誇りにも思っていましたが、理解されないこともわかっていましたから」

初対面の人にAV女優であることを言うと、あからさまに見下されることも少なくなかった。

「特に女性の方に多かったですね。そうするとわたしも、『なんでわたしのことを知らない人にそんなこと言われなきゃいけないの？　あなたなんか絶対ＡＶ女優はできないよ』って思っていましたけど（笑）。でも、そういう偏見や差別があったからこそ、『ようし、見てろよ！』みたいな気持ちで頑張れたというのもありましたね」

しかし、恋愛となると話は別になる。相手がＡＶ女優という職業を理解していたとしても、自分の彼女が仕事として他の男性とセックスをするという現実を受け入れられるのかどうかは難しい問題だった。

お互いに好きだという気持ちを確認していたのに、結局付き合うことができなかった男性もいる。

「両想いだったのに、お付き合いできなかった人がいたんです。『もっと好きになったときに、仕事をやめて欲しいと思ってしまうだろう。オレは受け止められる自信がない』と泣きながら言われました。そのときは、『ああ、ＡＶ女優は人を好きになってはいけないのかなあ……』とかなり悩みましたね」

麻美ゆまは『ＲｅＳｔａｒｔ～どんな時も自分を信じて～』で、ＡＶ女優という仕事について、こう書いている。

——男の人がＡＶ女優についてどう考えているのかは、理解しているつもりです。まして自分の恋人の職業がそうだったとしたら……。ＡＶ女優のことを好きな男子、憧れる男の人もいるかもしれない。だけど現実問題、付き合うとなると、仕事に関してすべて理解してもらえるかと言ったら、私の場合、なかなかそうでもないこともありました。

私にとってはお仕事です。セックスをしている感覚ではありません。いくら私が「パフォーマンス」だといっても、相手はそうは思えないかもしれない。だからこそ、そういったことを理解してくれる彼氏の存在を、私はとても大切にしていました。

どうしても、付き合う男性に対して引け目を感じてしまうことがあると、麻美ゆまは本音を漏らす。

「理解してくれることに関しては、もうこちらは『ありがとうございます』っていう気持ちになってしまうんですよね。だからよくＡＶ女優がろくでもない人と付き合っちゃうことが多いのは……わたしもあまり言えないんですけど（笑）、『こんな自分でも認めてくれるんだ』と思っちゃって、つい下手に出てしまうんですよね。だから、お金も払ってあげたくなってしまう。もちろんそこはちゃんとお互い愛し合ってるんだと信じたいからなんですけど……」

ＡＶ撮影での〝カラミ〟はあくまでもパフォーマンスであり、本当のセックスとはちがうもの。そう言えるようになったのは、麻美ゆまがＡＶ女優を引退したからだ。

現役のうちは、ユーザーの夢を壊さないようにインタビューなどでは「仕事であることを忘れて、本当に気持ちよくなっちゃいました」と答えなければならない。たとえその言葉が、付き合っている彼氏を傷つけることになったとしても、である。

恵比寿マスカッツのはじまりと終わり

ＡＶ女優になることを決意したときは、２年間だけやるつもりだった。２年間で資金を貯めて海外へ留学する。そのためだけの活動のはずだった。

しかし、切れ目なく入ってくる多くの仕事をこなしているうちに、やりがいを感じるようになっていた。
「『留学はいつでもできる。それよりも今は麻美ゆまで行けるところまで行ってみたい』という気持ちでしたね」

そして08年には、テレビ番組『おねがい！マスカット』に出演することとなる。
「マスカッツは自分にとって大きかったですね。それまでにも、ドラマなどには出させてもらったりはしていたのですが、バラエティ番組でレギュラーで、しかも脱がないわけじゃないですか。普段ならAVを見ないような人たちにも見てもらえるし、知ってもらうこともできる。お蕎麦《そば》屋さんで食事していたときに、後ろの席でOLさんたちが『深夜に、おぎやはぎがやってる番組知ってる？　あれ、面白いよね』って話をしていたんです。わたしはそこで、『ここに出演してる人、いるよー』って思いながら聞いていました（笑）。凄く嬉《うれ》しかったのを覚えています」

番組出演者によるグループ恵比寿マスカッツは、10年2月にシングル『バナナ・マンゴー・ハイスクール』でCDデビューし、ライブ活動も開始。そして麻美ゆまは、蒼井そらに代わって2代目リーダーとして恵比寿マスカッツを牽引《けんいん》していくこととなる。

恵比寿マスカッツの活動によって、麻美ゆまのファン層は大きく広がった。女性ファンやＡＶを見られないような未成年のファンも増えていったのである。

「ガラリと変わりましたね。ライブには女の子もいっぱい来るし、親子連れも来る。子どもがわたしに『リーダー、大変だけど頑張ってね！』みたいな手紙をくれるんですよ。涙が出ちゃいました。でも、その半面で複雑な気持ちもあった……。その子たちは、わたしが裸の仕事をしていることを知らないんですよね。『ゆまちゃん可愛い、頑張ってね！』なんて言ってくれて嬉しいけど、どこかで騙《だま》してるような気持ちもあった」

いずれにせよ、恵比寿マスカッツの活躍がＡＶ女優という存在に対する世間の目を大きく変えたことは間違いない。若い女の子がアイドルに憧れるようにＡＶ女優に憧れ、『自分もなりたい』と口にするようになってきたのだ。

興味深かったのは、そうしてＡＶ以外の世界でも活躍するようになった恵比寿マスカッツのメンバーだが、『もうＡＶはやりたくない』『芸能の世界に専念したい』という子がいなかったことだ。

「ＡＶ女優をやっているから恵比寿マスカッツがあるというのはわかっていたんですよ。だから、『ＡＶの仕事は絶対におろそかにしちゃいけない』とみんな考えていたと思います。それから、番組では総合演出のマッコイ斉藤さんがとにかく厳しかった。毎回のように泣かされて帰ってました。みんなで番組をつくる〝団体戦〟ってそれまで経験がなかったから難しかった。でも、AVでは〝個人戦〟で勝負してるわけじゃないですか。その自信が自分を支えてくれたと思うんです。もしそれがなかったら、やっていけなかったんじゃないでしょうか」

恵比寿マスカッツは香港《ホンコン》でもライブを行い、麻美ゆまが大ファンであった氣志團《きしだん》との共演も果たした。

放送開始当初は2クール（6カ月）の予定だったという『おねがい！マスカット』だが、番組名を変えつつ、5年間も続くこととなった。

恵比寿マスカッツの解散と番組の終了がメンバーに告げられたのは、12年10月のこと。そのとき、麻美ゆまは25歳。AV女優としてデビューして8年が過ぎていた。

2〜3年でベテランと呼ばれるのがAV業界である。8年間もトップの地位をキープし続けている麻美ゆまは、まさに破格の存在であった。

「最初は2年で辞めるつもりでしたし、7年も8年もやることになるなんて思ってもいませんでした。もちろん、こっちがやりたくても続けさせてくれるかどうかもわからないじゃないですか。どんどん新しい子も入ってくるし、いつも『次の作品で撮影は終わりになるかもしれない』っていう気持ちはありました。でも、マスカッツが終わったときはいろいろと考えましたね」

そのとき、引退という言葉がリアルに視野に入ってきた。

「ただ、もうすぐで出演作が２００本になるところだったんです。『それが区切りとしてはいいのかな』と思っていました」

最初は未知の世界に触れるような楽しさもあったＡＶの撮影だが、麻美ゆまにプロとしての意識がだんだん芽生えてくるにつれ、制作スタッフとの意識のギャップが感じられるようになっていた。

「ベテランと言われるようになってくると、撮影でも『ゆまちゃんの好きなようにやってください』と言われるようになってきたんです。それはちょっと悲しかったんですね。もっと一緒に作品をつくりあげたかった。『監督、もっとわたしを引き出してくださいよ』とか『監督さんの撮りたい画《え》もありますよね、それを言ってください』っていう気持ちだったんですよね。そこで、モチベーションが下がってしまったという時期はありました」

麻美ゆまがデビューした時期から、ＡＶ業界全体が、監督のカラーをあまり出さないようにしようという傾向が強まっていたこともあった。それまでのＡＶでは、監督が個性を打ち出すことを「よし」とするムードが少なからずあったのだが、00年代半ばくらいからそれを敬遠する風潮が強まっていった。

ＡＶはあくまでもオナニーのためのツールである、という考えが主流となり、ユーザーもそれを歓迎した。

「ドキュメントっぽい作品も苦手でした。監督はみんな、『ゆまちゃんの素を出したい』って言うんですけど、カメラを向けられた以上、本当の自分は絶対出せないです。出したくないというより無理なんです。お仕事のときは麻美ゆまとしてのスイッチが入っているわけで、撮影中にそれは切れない。だからそれを求められたら、できるだけ素のような演技をするしかないんです」

モチベーションの低下を感じながらも、麻美ゆまは２００本の出演を目標とし、そして目の前に迫った恵比寿マスカッツ解散までの活動に全力を注ごうと考えていた。

そんな13年の初頭に、彼女の人生を一変させる事実が医師から告げられた。

病気の発覚と治療

腸の調子があまりよくなかったため病院に行き、診察を受けた。当初は、軽い腸炎ではないかと思っていた。

「急にお腹が張り出したり、お腹がゆるくなるとかそれくらいの症状で、子宮が痛むようなことはありませんでした。その1年ほど前に婦人科を受診したときに、『卵巣が腫《は》れているからちゃんと調べてもらったほうがいい』と言われたことがあったんですね。でも忙しかったし、卵巣が腫れることはよくあるんだと聞いて軽く考えていたんです。特に痛みもなかったから」

しかし、検査で判明したのは、卵巣に腫瘍があるという事実だった。子宮と卵巣を全摘出しなければならないと医師は告げた。

告知を受けた2月1日は、恵比寿マスカッツのラストシングル『ABAYO』のジャケット撮影があった。とても笑顔がつくれる状況ではなかったが、必死に頑張った。

2月9日から全国をまわる解散ツアーは欠席することとなったが、4月7日のラストライブに出演することが目標となった。

「子どもが産めなくなるということ、仕事をどうしようかということ……いろいろな問題がありましたけど、とりあえず『マスカッツの解散ライブに出演したい』と思ったんです。そのためにはどういう治療をすればいいのか、それに合わせるために病院も選びました」

それほど、麻美ゆまにとって恵比寿マスカッツは大きな存在だったのだ。

2月25日に手術は行われた。両卵巣と子宮、そして大網（胃の下部でエプロンのように垂れ下がった腹膜）が摘出された。最悪の場合は直腸も摘出し、人工肛門《こうもん》を取り付ける可能性もあったという。

開腹による診断で、卵巣の境界悪性腫瘍だと判明した。境界悪性腫瘍とは、良性と悪性の間の性質を持つ腫瘍のことである。

手術から10日後に退院、そしてその1週間後から抗がん剤治療がはじまった。身体の不調や脱毛などの副作用に苦しめられたが必死で耐えた。

そして、手術からわずか1カ月後に、麻美ゆまは恵比寿マスカッツの解散ライブのステージに立ったのである。手術直後には、自分で歩くこともままならなかったのに、5時間ものステージを歌い、踊ったのだ。解散ライブが終わり、抗がん剤治療が再び開始された。

当時、麻美ゆまがつけていた「闘病メモ」から、その副作用の辛さが伝わってくる。

・白血球がグーンと下がる
・食べ物が、全部水につけたみたいな、薄味のような感じになる
・親知らずが生えている部分の歯茎が腫れる。痛くてご飯が食べられない
・退院直後は、動悸《どうき》がヤバくて苦しかった
・1週間後。ストレスなのか、食べ物のせいか、胃痙攣《けいれん》に！　ものすごい痛みが胃（みぞおち）に。寝ても何しても痛かった
・満腹感がわからない。おかしい
・ジャンキーなもの、味が濃いもの、甘いものを欲する
・なかなか便がでない。便秘気味
・手や全身が乾燥する
・頭と歯が痛くて、喉《のど》のリンパも腫れて痛い
（『ＲｅＳｔａｒｔ～どんな時も自分を信じて～』）

この時期は精神的にも落ち込み、毎朝目覚めるといつのまにかに涙を流していることも多かったという。

ＡＶは撮影済みの作品のリリースが続いていたが、恵比寿マスカッツのライブの欠席などから、事務所解雇説、妊娠説、失踪《しっそう》説など、根拠のないさまざまな憶測が囁《ささや》かれた。「ファンに対して状況を公表すべきか……」と悩んだ。仲の良かった吉沢明歩に相談すると「ゆまちんがまた元気になったときにＡＶ女優として活動したいと思っているなら、病名は公表しないほうがいい」と言われた。

「確かにそうだと思ったんですよ。それはＡＶ女優としてダメージになる。でも、もし復帰したとしても、わたしはしれっとした顔ではできないなと思ったんです。仕事を続けるために『そうしろと』言われたらできるのかもしれないけど、ファンの人にウソをついているような気持ちになるでしょう？　それは辛いですよね」

そして13年6月6日、麻美ゆまは自身のＴｗｉｔｔｅｒで、自分がおかれている状況を公表した。

トップＡＶ女優の衝撃的な告白は大きな話題となった。温かい励ましの声が多数寄せられるのと同時に、いわれなき非難の声も上がった。

「AVでセックスをし過ぎたからだ」
「性を売り物にした天罰だ」
「AV女優だから子宮がんになったんだ」
「自業自得だ」

卵巣腫瘍とセックスの因果関係はない。そもそも子宮と卵巣の区別もついていないままでの暴言も多かった。

「あれはきつかったですね。ただでさえ肉体的にきつい状況なのに、精神的にも辛かったです。やっぱりAV女優だからというところで、そういう目で見られるんだなと実感しました」

恵比寿マスカッツなどの活躍によって、世間のAV女優に対する意識は大きく変わった。しかし、その一方で、いまだに悪意のある偏見も根強く、それは簡単に変わるものではない。

「卵巣腫瘍に対する誤解も多かった。知識がないままに勝手なことを言ってるんです。そこはちゃんと伝えていかなくちゃいけないと思いました。これをきっかけに見つかりにくい卵巣の異常に注意するようになってくれればいい。病気を公表することで、わたしのような思いをする女性が少しでも減ってくれればいいと考えていました」

10月6日、麻美ゆまはＹｏｕＴｕｂｅに、半年に及ぶ抗がん剤治療を終えたことを報告する動画をアップした。

紺色のワンピースを着た麻美ゆまがカメラに向かって話しかける。笑みを浮かべ声も明るい。以前と同じ髪型のウィッグをつけていることもあり、病気で倒れる前の麻美ゆまそのものだった。

病気のこと、治療のこと、そして周囲の人やファンの支えへの感謝を述べたのちに、今後についても語っている。

——現状についてなんですが、特に身体に不調もなく、定期的に病院に検査に行っている状態です。このままなにもなく5年間すごすことができたら完治というかたちになります。わたしの腫瘍自体、良性と悪性の中間のようなものなので、比較的予後も良好と言われてることもあるので、わたし自身なにごともなくすごせると思っています。これからの活動についてなんですが、体も心もわたしは元気なので、少しずつになるかもしれないんですけど、病院の先生や自分の体調と相談しながら、『第2の麻美ゆま』としていろいろな活動に挑戦していきたいなと思っています。みなさま、これからも応援よろしくお願いします。

この動画は、3日間で100万アクセスを超えた。

リセットではなくて「Re Start」

10月5日に京都・東寺《とうじ》で行われたライブイベント『Rock Beats Cancer FES Vol.3』で、麻美ゆまは恵比寿マスカッツの解散ライブから半年ぶりに、ステージに立った。

『Rock Beats Cancer FES』は、世界的に活躍するハードロックバンドであるLOUDNESSのドラマー、樋口宗孝《ひぐちむねたか》が肝細胞癌で死去したことをきっかけに立ち上げられた『樋口宗孝がん研究基金』の寄付を募るために企画されたチャリティーイベントで、これが第3回にあたる。出演者は影山《かげやま》ヒロノブ、二井原実《にいはらみのる》、大槻《おおつき》ケンヂ、ROLLYなどの錚々《そうそう》たるミュージシャンたち。当初は客として観に行くつもりだった麻美ゆまは急遽《きゅうきょ》出演することとなり、朗読で参加した。

以降、このイベントを主催する『NPO法人キャンサーネットジャパン』の他のイベントで講演するなど、がんに対する啓蒙《けいもう》運動も麻美ゆまの活動のひとつとなった。

そして11月にはロサンゼルスへと旅立った。3週間の短期留学で、長年の夢であった英語と音楽を学ぶためだった。

「小さい頃からずっと音楽をやりたいと思っていたんですけど、それを目指して努力していたわけではないので、それを言うと、『ちゃんと目指している人に失礼だな……』と思ってたんです。でも、ずっとやりたかった。闘病中に、音楽に勇気づけられたというのもありました。KANさんの『愛は勝つ』や、古いフォークソングなんかを聴いていましたね。『いつか、わたしの体験を元に音楽として届けられたらいいな』という気持ちになったんです。それで、ロサンゼルスの音楽学校で勉強したんです」

翌14年には、AV業界最大のイベントのひとつである『DMM．R18アダルトアワード』にMCとして出演。ウィッグを外し、ショートカットの地毛のままで司会を務めた。

ここで、麻美ゆまに特別賞が贈られた。プレゼンターは、『おねがい！マスカット』シリーズで共演していたお笑い芸人のオアシズの大久保佳代子《おおくぼかよこ》。本人には一切知らされていなかったため、ステージでは感極まって涙を流した。

「もう、AV女優・麻美ゆまではなくなってしまうかもしれないのに、そこに呼んでもらえたことには感謝しましたし、みんなが受け入れてくれたことは嬉しかったです。正直、『遠慮したほうがいいんじゃないか』とも考えましたが、少しでも早く自分の元気な姿を見てもらいたかったというのがありました」

5月8日には、それまでの半生を綴った自叙伝『Re Start～どんな時も自分を信じて～』を発売。6月6日に恵比寿リキッドルームで開催された『Rock Beats Cancer FES Vol．4』には、今度はミュージシャンとして出演し、アコースティックギターでの弾き語りを披露した。

15年5月20日には自ら作詞・作曲を手がけた（Kelly、井上慎二郎《いのうえしんじろう》との共作）CDシングル『Re Start～明日へ～』を発売。その記者発表会の場でAV卒業を宣言した。

「病気のことを公表したし、実際に傷跡もある。もし裸を見たら『あ、ゆまちゃんって、こんなに元気になったんだな』という気持ちがエロの部分よりも先にくると思うんですよね。そこは、エロにあってはいけないものだと思うんです。エロには邪魔だなって。それはエロのプロだった者としての考えなんです」

14年には『ヤングアニマル嵐』（9号　白泉社）でセミヌードグラビアを披露しているが、そこには彼女なりの思いが込められていた。

――グラビアをやろうと思ったのは、髪の毛が生えてきて、胸も戻り、体調も良くなった姿をお見せすることで、ファンの方や治療を控えている方、そして治療中の方に「みなさん、大丈夫ですよ！」というメッセージを伝えたかったからです。

（『ＲｅＳｔａｒｔ～どんな時も自分を信じて～』）

「脱ぐこと自体には抵抗はないんです。でも、今は男性のためというより、女性のためにだったら裸になりたいなという気持ちはありますね。『病気をしてもこういう身体でいられるんだよ』と勇気を与えられればというような想いです。男性を喜ばせるために脱ぐというのは、今はちょっとちがうかなと思っています」

ただし、病気のために急なリタイアとなったため、AVで正式な引退作は出していない。そこに少しの心残りがある。

「だって、最後の作品が『夫を腹上死させた未亡人』ですからね（笑）。もうちょっと麻美ゆまらしいハッピーな作品で終わりたかったという気持ちはあります。ただ、『またやりませんか？』と言われても、かつての自分を超えられる自信はないんですよね。毎回全力投球していましたから、最後まで。やり切っているという感じはあるんです」

10年前には考えられなかったことだが、現在のAV業界では、風間《かざま》ゆみ、吉沢明歩、つぼみ、里美《さとみ》ゆりあなど10年を超えるキャリアのAV女優が何人もいる。病気がなかったら、おそらく麻美ゆまもその仲間入りをしていただろう。なかでも、活動をともにすることも多く、親友でもある吉沢明歩が活動15年を迎えても最前線で活躍していることを、彼女はどう見ているのだろうか。

「もう、『とことん吉沢レジェンドを貫いてください』と思いますね。もちろん自分が途中でリタイアしなければならなくなったことに悔しさがないかと言われたら、やっぱりあ

ります よ。 比べられることも多かったですから。 でも、 逆に彼女がまだAV女優としてずっと頑張っているから、『じゃあ、 わたしもちがうフィールドでもっと頑張ってやろう』という気持ちになりますね」

思い返せば、AV女優をやっていた8年間はあっという間だった。

「全力で駆け抜けたという感じですね。若かったので、自分でコントロールできずに頑張り過ぎていた気はします。イベントも多くて、全国を回ってるんですよ。全国制覇するというのは目標ではあったんです。そして実際に各地へと行くんだけど、その土地のことが全然見えていなかったのは今になって考えるともったいなかったですね。心の余裕がなかったんです。ただ大変でしたけれど、その分返ってくるものは大きかった。お金もそうですけど、見えてくる景色が全然ちがいました。AV女優という仕事をやったことで、見ることができない景色を見せてもらいました」

そして今現在は、麻美ゆまという名前ではなく、それとは別のかたちで仕事をしたいとも考えている。

「海外へ長期留学するという夢もまだあるんですよ。英語をしっかりと学んで、それを生かしたビジネスをやってみたいんです。飽き性なんですけど、昔から続けられたのが音楽と英語だけなんですよね。『それを仕事に生かしたいな』というのが今の夢というか目標なんですよね。18歳からAVの仕事をやっていて、その間はあまり他の世界と関われなかったんです。マネージャーさんが厳しくて、打ち上げに行ってもすぐに帰らされたりして、そして自分もそれが当然だと思って、他の世界を見ようとしていなかった。でも、AV女優をやめてから、いろいろなジャンルの方と触れ合って自分が全然世の中のことを知らなかったんだなと思い知りました。雑誌の企画でリリー・フランキーさんに人生相談したんですけど、そのときに『あなたは今、稼業見習い中だと思いなさい』って言われたんですね。それからいろいろなことを吸収するようになったんですよ。それが凄く楽しいんですよね」

では、もし自分がAV女優にならなかったら、という別の人生を考えることはあるのだろうか？

「かつてはありましたけど、その後は、『あのとき病気を公表しなかったらどうなっていただろうか』と思うようになりましたね。自分がAV女優を卒業するきっかけになったのも病気を公表したからなので、もしあのときに言わなかったらまたちがう自分がいたのかなと。でも、わたしはなにをやるときでも、『絶対に後悔しない』と決めているんです。学校をやめたときも、AV女優になると決めたときも、もうAV女優をやらないと決めたときも、後悔していません。『今の自分は前を向いていくしかないんだ』と、常に思っています」

自叙伝のタイトルも、その後に出したシングル曲のタイトルも『ReStart』である。その記者発表会で、麻美ゆまはこう言っている。

「わたしがこうやって歌手になれたのは、AV女優・麻美ゆまを応援してくださったファンの方々があってこそだと思っています。だからリセットにしたくなくて、自分の過去も含めた新しい一歩として『ReStart』という言葉を大事にして、頑張っていきます」

AV女優、のち

episode 04

愛奏

（元・薫桜子）

Kanade Ai

自分の過去のひとつとして
「そんなこともあったね」って。
でも、過去があって今のわたしがいる

Profile

あい・かなで●1982年、東京都に生まれる。2002年に「薫桜子」としてAVデビュー。約2年間の活動で引退し、ピンク映画やVシネマなど役者業の世界へと足を踏み入れる。08年には『第20回ピンク大賞女優賞』を受賞。09年には、芸名を愛奏に変更した。現在は、一般映画に活動の場を移し、『華魂 幻影』(監督:佐藤寿保)、『断食芸人』(監督:足立正生)といった注目作でもその存在感を遺憾なく発揮している。また、役者業を続ける一方で新宿二丁目でバーを経営している

101センチ101リットルの巨乳女優

「巨乳」という言葉が一般的に使われるようになったのは、1989年の松坂季実子《まつざかきみこ》のAVデビューがきっかけだ。それ以前にも、巨乳専門誌『バチェラー』（大亜出版、ダイアプレス）などでは80年代初頭から使用されていたのだが、一般週刊誌などでも「巨乳」という言葉が登場するようになったのは、89年以降である。

それ以前には「ボイン」「デカパイ」「Dカップ」などが大きな乳房を表す言葉として用いられていたのだが、Gカップ110・7センチというそれまでの常識を覆すような松坂季実子の巨大な胸には「巨乳」という言葉こそがふさわしかったのだ。110・7センチというのは、「イイオンナ」にひっかけたダジャレであり、実際のサイズは1メートル未満だったという説もあるが、とにもかくにも、彼女の登場により空前の巨乳ブームが巻き起こり、大きな胸のAV女優が次々と登場した。

80年代までは、大きな胸が好きな男性は海外のモデルに頼るしかなかったのだが、90年代以降には日本でも海外に負けないような見事なバストを誇るAV女優が珍しくなくなっていったのである。

90年には113センチの桑田ケイ、そして94年には124センチQカップをうたった森《もり》川《かわ》まりこが登場。その後も124センチの井上静香、101センチの沢口《さわぐち》みき、107センチのみずしまちはる、110センチの立花《たちばな》まりあ、101センチの大浦《おおうら》あんなと1メートル超えの巨乳女優が次々と登場した。

02年に『NEW FACE 24 101L GIRL』（KUKI）でAVデビューを飾った薫桜子《かおるさくらこ》も、そのひとりだった。

デビュー作のパッケージには「101cm ICUP 101ℓ」の文字が躍っている。乳房のサイズを、「リットル」で表記しているのはAVでも珍しい。

パッケージの裏面には「巨乳だ巨乳だワッショイワッショイ　美乳だ美乳だセイヤセイヤセイヤセイヤ」「乳白色の完璧《かんぺき》オッパイ」といったコピーが書かれ、その101センチの巨乳を前面に押し出したデビューであったことがわかる。

では、そのデビュー作『NEW FACE 24 101L GIRL』を見てみよう。19歳だという、まだあどけないその顔立ちとはあまりにミスマッチな豊かな乳房は、男優がわし摑《づか》みしようとしても手から大きくハミ出してしまう。

セックスの最中でも、激しく揺れはねまわるその動きは、まるでそこだけが別の生き物のようにも見えるほどだ。

インタビューシーンで「胸で得したことは？」と聞かれて、薫桜子は無邪気な笑みを浮かべながらこう答える。

「駅員さんとか、バスの運転手さんとかが優しくしてくれる」

続いて、「損したことは？」という問いが。

「合コンとかに出ても恋愛対象に見てもらえなくて、性の対象で終わっちゃう。だから彼氏ができにくいんですよ」

しかし、そのすぐ後にこうも言っている。

「胸は誇りですね」

そして、すべてのカラミが終わってから、これまで付き合っていた彼氏について質問され、一番思い出に残っているのは最後に付き合った彼だと答える。

「凄《すご》く好きだったんです」

その別れた理由を尋ねられると黙り込んでしまう。長い沈黙があり、涙を流しながらようやく答えを絞り出す。

「だってわかんないんだもん」

そんなラストシーンが、とても印象的なデビュー作であった。

「最初の作品だから、わたしがどういう人間なのかというのを紹介するシーンがあるんですよね。自分の過去の恋愛みたいな話であったり、なぜAVをやることを承諾したのかということであったり。最初のカラミの撮影が終わった後でしたが、『なぜおまえは今ここにいるんだ』っていう、すべてを問われている気がして切ない気持ちになりましたね……。なにも、『今ここでそれを聞かなくてもいいじゃない』みたいな（笑）」

薫桜子は、15年前のデビュー作の撮影時の気持ちを振り返る。

「切ない気持ちになったのは、別にAV女優になってしまったという後悔ではなかったんです。わたし自身、あまり後悔する性格ではないから。ただ、『ひとつ川を渡ってしまったな』という感じだったのかな」

薫桜子は09年に愛奏《あいかなで》という芸名に改名しているのだが、ここでは引き続き薫桜子と呼んでいきたい。

新宿二丁目にある編集プロダクションのオフィスで薫桜子に話を聞いた。

『NEW FACE 24 101L GIRL』の出演から15年という歳月は、薫桜子の危なっかしい幼さを消し去り、愛奏に大人の女性ならではの力強い美しさを与えていた。ただし、ブラウスから覗《のぞ》く胸の豊かさは健在のようだ。

薫桜子は、AV黎明《れいめい》期から続く老舗《しにせ》メーカー・KUKI（九鬼）の専属女優として02年7月にデビューし計6本に出演。

その後、VIPやクリスタル映像などのレンタル系メーカーを経て、04年にはセル系メーカーの作品にも出演するようになるが、同年8月発売の『爆乳全裸授業　薫桜子引退作品』（アイエナジー）を最後にAVから引退。その後はピンク映画、Vシネマ、そして一般映画などで女優として活躍している。

AV女優としての活動は2年と短く出演作も約30本と少ないが、特に巨乳好きのAVファンの間では今も根強い人気がある。

大きく柔らかそうなIカップのバストが、なによりも魅力的なのだ。

セックスシーンはすべて疑似

　ＡＶデビューのきっかけはスカウトだった。地元の書店で声をかけられた。

「声をかけてきたのが女性だったんですよ。それも、『美大生なのかな？』と思うような感じの人で。その人は、アダルト系ではない水着のグラビアなんかの個人事務所をやっている女性社長ということでした」

　当時、薫桜子は特に目標もなくアルバイトをしているという状況にあった。高校生の頃から写真のモデルのバイト経験はあったが芸能志向は強くなかったため、その恵まれたプロポーションを活《い》かしてグラビアアイドルを目指そうという考えもなかった。

「映画を見るのが好きだったので、つくり手側のほうに興味がありましたね。『裏方的な仕事をしたいな』と、ぼんやり思ったり」

　グラビアアイドルになろうという気はなかったが、女性社長とは何度か会って話をする仲にはなっていた。あるとき、彼女から別の事務所の社長を紹介された。

「その社長に、『一番やりたくない仕事ってなに？』って聞かれたんですね。『ＡＶとか水着とか演歌の歌手とかいろいろあるけど、一番やりたくないのは？』って。それでわたしが『AVは嫌です』って答えたら、『そうなんだ。でも、君はAVとか絶対いいと思うんだけど。どうですか？　やりませんか？』って。嫌だって言ってるのに（笑）」

しかし、そこで薫桜子はAV出演を考えることにした。

「やっぱり、お金がいいという理由もありましたけど、一番はそのとき人生に絶望していたんですよね。いろいろあって、凄く辛《つら》い時期で……恋愛のこととか家庭のこととか……とにかく『環境を変えたい』という気持ちがありました。『すべてを切り捨てたい。地元から離れて、どこか別のところに住みたい』って。それには先立つ物が必要じゃないですか。４日間悩んで悩むことに疲れちゃって（笑）、やることに決めました」

なにか環境を変えたかったという理由でAVに出演した、という話はAV女優にインタビューしているとよく聞く。行き詰まっているときに、思い切ってこれまでとはまったくちがう世界へと飛び込んでみたくなるという欲求が、若い女性にはあるのかもしれない。

「いま考えると安易だったかもしれませんが、とりあえずすべてを変えてさっぱりしたかったんですね」

薫桜子のそれまでの男性体験数は、「普通くらい」だったと言う。『NEW FACE 24 101L GIRL』のインタビューでは、17歳で当時付き合っていた同い年の彼氏とクリスマスに初体験して、それ以降の体験数は5～6人だと答えている。

それまでAVはあまり見たことがなく、どんな内容なのかまるでイメージもわかなかった。そんな女の子が、AVの世界に飛び込んだ。AV出演を決断できた理由のひとつに、撮影では疑似本番でよかったというものがあった。

「NG項目みたいなことに関して、ちゃんと自分の意見を言うことができました。嫌なことはしなくてよかったんです。そういう理由もあって、怖いという印象もなかった。本番シーンも疑似でいいということになりました。当時、所属していた事務所の方針でもあったようです」

疑似本番とは、セックスシーンでも本当に男性器を女性器に挿入せずに、〝入ったフリ〟をするということである。

80年代、90年代には人気AV女優の大半が〝疑似本番〟だった。86年にデビューし、初代AVクイーンとして絶大なる人気を誇った小林《こばやし》ひとみは疑似本番であることを公言していたし、この当時、人気女優は本番をしないことが当然だと思われていた。本番をするのは格下の無名女優というのが相場だった。

また、モザイク修正が大きかったため、実際に挿入していたところでよくわからないという現実もあったことを忘れてはならない。

しかし、00年代に入りモザイクの薄いセル系作品が中心になっていくと、よほどの人気女優でもそれは許されない状況になっていったのである。薫桜子がレンタル系メーカーからデビューした02年は、まだ疑似本番が認められていたギリギリの時期だったと言える。

「だから、『これはあくまでもパフォーマンスなんだ』という感覚が自分のなかでは大きかったんですね。『お芝居なんだ』と。モザイクがあるのだから、本番行為は別に必要ないんじゃないかって」

男性側が思う以上に、女性にとって〝本番〟をするかしないかは大きな問題なのだ。AV黎明期の82年につくられ、空前の大ヒット作となった『ドキュメント・ザ・オナニー』シリーズ（日本ビデオ映像）は、じつは本番を撮影する予定だったのが、現場で女優がどうしても嫌だと拒否したため苦肉の策としてオナニーを撮影したらそれが大ヒットしてしまったという経緯がある。それほど、女性にとって本番のハードルは高いものなのである。

ちなみに現在のAVにおいても、女優のギャラは本番の回数によって額が決まることが多い。そのため、予算を抑えるために3回のセックスシーンのうち1回のみが本番で、2回は疑似にするということもある。

「『本当に本番行為を日常的にするようになったら、わたしはどうなっちゃうんだろう？』と、それは今考えても怖いんです。自分のなかのなにかが壊れてしまうような気がするから。あのとき、もしそうしていたらどうなっていたのか――」

結局、薫桜子は2年間のAV女優としての活動のなかで、一度も本番行為を撮影していない。つまり彼女は、本当の意味でのセックスは人目に晒《さら》したことはないということになる。

薫桜子は自分とは別の人

メーカー専属の単体女優としてデビューした薫桜子のリリースは、基本的に月に1本。つまり、撮影が1カ月に1回だけだった。それ以外の仕事としては、グラビア撮影やサイン会などが主となる。

「仕事がない日は家に引き籠《こ》もっていました。家で映画を見たり料理したり、アルコールを摂取したり（笑）。ひたすら地味な私生活を送っていましたね」

自分の出演作が人に見られているという実感はなかった。現在のようにSNSでファンと交流するということもなく、イベントもそれほど多くなかったので、自分にファンがいるという意識もない。初めてサイン会をしたときには、『こんなにも自分にファンがいるのか』と驚いた。

「AV女優の薫桜子は、自分とはまるで〝別の人〟という意識でしたね。言ってみれば、自分が応援している仲のいい人という感じかな。AVなりグラビアなりというのは、その撮影現場で撮っている瞬間だけが自分のリアルタイムだから、その後のものは、もう自分とは関係ないと思っていました」

AV女優のなかには、自分の出演作は恥ずかしくて見られないという人も多いが、薫桜子は平気だった。なぜならば、そこに映っているのは自分とは別の人だという意識があったからだ。

「勉強みたいな感じで冷静に見ていましたよね。『ここはこういう風にやったほうがよかったな』とか『ここは失敗しているな』とか」

撮影中に快感を得るということはなかったという。感じている姿は、あくまでも〝演技〟〝芝居〟だ。

「それよりも、撮影現場でやるべきことを考えちゃうんですよ。どう映っているのかとか、そろそろちがう反応にしたほうがいいのかとか。そんな具合だから、本当に感じている暇なんてなかったんです（笑）」

それでも、ＡＶ撮影にやりがいは感じていた。

「現場に行って、みんなでひとつのものをつくるということを学びましたね。それから、『いろんな人がいるんだな、みんなそれぞれの人生があるんだな』とか、そういった意味でも人生勉強になった。たとえば、学業に優れている人はそれを活かすとか、それぞれ自分の得意分野を活かしたかたちで実社会に入っていくわけじゃないですか。でも、わたしはそれまでなにもできることがなかったんです。突出したものがあるかと言われると、なにもなかった。でも、わたしをスカウトしてくれた人だったり、わたしを撮ってくれたメーカーさんだったりは、わたしを『必要だ』と思ってくれたんですよね。そういうところで、『大人の社会に入っていけたんだな』と思いました。その入り方というのは、人それそれなんですよね」

現在のAV業界では少なくなってしまったが、かつては映画やテレビなどの一般映像作品を志向しつつも生活のためにAVを撮っているというスタッフも多かった。

特に薫桜子がデビューしたKUKIは、立ち上げ時のメンバーに寺山修司《てらやましゅうじ》率いる前衛劇団・天井桟敷《てんじょうさじき》の出身者が多かったことなど、伝統的にそうした志向の強いメーカーでもあった。実相寺《じっそうじ》昭雄《あきお》や俳優の寺田農《てらだみのり》が監督を務めたこともある。

「現場が自分の誕生日だったことがあるんです。そのときに監督さんが、『汚れた血』（レオス・カラックス監督の86年公開のフランス映画）のDVDをプレゼントしてくれたんですよ。その人とは、普段からよく映画の話をしていたので『絶対好きだろうな』と思い選んでくれたそうです。そういう真面目な人が周りに多くて、環境は恵まれていたと思います」

撮影現場では、あくまでも主役は女優であり最も大切にされる存在だ。単体女優ともなれば、お姫様扱いといっても過言ではない。

「『よくしてもらっているな』というのは感じましたけど、それが気持ちいいとは思いませんでしたね。でも『すいません、そんな風に接しないでください』みたいに思わなかったのは、少しは気持ちよかったということなのかもしれません。でも、チヤホヤする態度が『あまりに白々しいな』と感じる人もいましたよね。みんなにとってもあくまでも仕事なわけで、撮影が終わった後にどんなことを考えるかまではわからないじゃないですか。だから、どう扱われようと気にしないようにしていたのかもしれません」

一方、撮影されるという感覚にはなかなか慣れなかった。

「じつは、いまだに慣れないんですよ（笑）。『撮られている自分は自分とは別の知らない人』みたいな感覚はずっと変わらないんですね。だから、撮られる快感というのはわからないままで」

薫桜子は、AV女優として順調にキャリアを重ねていった。

ピンク女優・薫桜子の誕生

AV女優として活動するうちに、薫桜子はある疑問を抱くようになっていた。

「AVって、あくまでも男性のファンタジーなので、どうしても現実とはかけ離れたようなエロスを求められるじゃないですか。感じる演技にしても、普通にやると『地味だな』って思われるから、どんどん激しく過剰になっていく。女性が年齢とともに化粧をだんだん濃くしていくのと同じ原理ですよね（笑）。『こういうものが求められる世の中ってどうなんだろう？』って思うようになっていったんです。ＡＶに出ながらも、『こういうものはよくないんじゃないか？　描くべきものはちがうものなんじゃないか？』という気持ちになっていって。『もっと、セックスに至るまでの人間のバックボーンみたいなものに焦点を当てたものをつくるべきなんじゃないか』と。そういう表現もＡＶの世界に存在していたのかもしれませんけど、わたしにはできなかった」

そんなときに、仕事をしたＡＶ監督にこんなことを言われた。

「そういえばこの間、所属事務所にＶシネマ出演のオファーしたんだよ。でも、桜子ちゃんはやらないんだね」

その監督は、ＡＶと並行してＶシネマも撮っていたのだ。

Ｖシネマの話は初耳だった。ぜひともやってみたい仕事だった。しかし、本人に話す以前に事務所側で断っていたのだ。

Ｖシネマやピンク映画はＡＶに比べると出演料も安く拘束時間も長いため、事務所にとっては金銭的なメリットはほとんど無い。そのため、現在でもそうした仕事を嫌う事務所も少なくない。

薫桜子と事務所の方針にズレが出てきたことが、AV引退へとつながっていく。

「もともとAV女優を長くやるつもりはなかったんです。新しい人もたくさん出てくるし、回転の速い世界だというのは自分でも理解していましたから」

引退したい意向を伝えると、事務所の社長には「まだやれるのにもったいない」と引き止められたが、彼女の意志は固かった。

04年8月発売の『爆乳全裸授業　薫桜子引退作品』（アイエナジー）で、薫桜子はAVを引退し、その後はVシネマ、ピンク映画へと活動の場を移していく。

「『人間の内面みたいなところに焦点を当てた作品に関わっていきたいな』と思っていたら、ちょうどVシネマの仕事がくるようになって、Vシネマをやっていたらピンク映画の仕事もくるようになって、という感じでした」

Vシネマの初出演作は、『巨乳痴漢（秘）劇場　爆乳娘たちの誘惑』（竹書房）。小春《こはる》、森原《もりはら》リコ、そして薫桜子がそれぞれ主演の短編を収録したオムニバスで、薫桜子は「歯科助手」編に出演している。

ピンク映画では、自らもピンク女優であった女性監督・吉行由実《よしゆきゆみ》のメガホンによる『ミスピーチ　巨乳は桃の甘み』が出演1作目となった。この作品は、公開の3カ月前に急逝した林由美香《はやしゆみか》（89年にAVデビューし、長く活躍した人気女優。ピンク映画にも多数出演し、ピンク映画大賞女優賞を2度受賞している）の遺作となったことで注目を集めた。上野《うえの》オークラ劇場での公開記念舞台挨拶《あいさつ》で、薫桜子はこんな挨拶をしている。

「林さんと共演したのは本作が初です。わたし自身ピンク映画はこれが初めてなので。林さんは第一印象では怖い人かな？　と思いましたが、実際はとても気さくで優しかったので撮影もしやすかったです。本作はちょっとコメディタッチなので、もう少し明るく演じてもよかったかな？　と、今は少し後悔しています。今日はこうして皆さんに集まって頂けて……（観客から、『頑張れ！』の声）……ただただ嬉《うれ》しいです。これからも頑張りますのでよろしくお願いします」（CINEMATOPICS　05年9月24日）

Vシネマやピンク映画はつくり方がAVとはかなり異なる。あくまでも女優が主役であるAVとはちがい、中心となるのは〝物語〟だ。

現場でも、ＡＶとはちがってお姫様扱いはしてくれない。自分のことは自分でやらなければならない。

「スケジュールもハードだし大変でしたけど楽しかった。『わたしの居場所はＡＶよりもこっちなのかな』と思いました」

ＡＶの撮影でどこか不満に思っていたセックスの描き方についても、Ｖシネマやピンク映画ではまた別の手法を採っていた。

「ＡＶはオチが同じなんですよね。あくまでも、セックスがメイン。でも、Ｖシネマやピンク映画では、なぜその男女がこういうセックスをするに至ったのかを描く。そのバックボーンがあるのとないのでは、見せ方も全然変わってくると感じるんです。セックスを描くことは映画にとってはとても重要なんですよ。人間であれば誰もが切り離せないものですし、そういう部分から目を背けたら人間というものは描けないから。だから、そこを比較的自由に描けるＶシネマやピンク映画は面白いですよね。そこで裸になることや濡《ぬ》れ場を演じることに抵抗はありませんでした。もちろん、人間なので服を着ていると安心するのはあるんですよ（笑）。『安心した状態で仕事してみたいな』という気持ちはありましたけど、裸が求められているならそれはありがたいし、そこに応《こた》えたいと思っていましたね」

薫桜子の第2章がここからはじまった。

ピンク映画から一般映画へ

薫桜子は、ピンク映画やVシネマの世界でメキメキと頭角を現していった。ピンク映画やVシネマはメディアで取り上げられることが少ない。そのため、この時期の彼女について書かれた記事はあまりないのだが、長年ピンク映画やVシネマについて評論を続けているｈｉｄｅ氏のブログ『ピンクサイドを歩け』で、ピンク女優としての薫桜子の評価が確認できる。

――薫桜子を最も魅力的に撮るのは間違いなく吉行だが、本作での彼女も実に素晴らしいと思う。題材が如何に中高年向けであっても、薫桜子が纏《まと》っている知的な輝きと豊満でアンバランスな肉体は、ギラついたあざとさとは一線を画す映像をスクリーンにもたらす。
（吉行由実『不倫中毒　官能のまどろみ』12年3月15日）

――ヒロインは、吉行と組んで何本もの名作を送り出した薫桜子。ピンク映画女優として、最も勢いがあった時の彼女を観るだけでも、この作品の価値がある。（中略）しかし、何と言ってもこの作品最大の見どころは薫桜子の魅力、それに尽きる。若干豊満に過ぎるB101の肉体と、幸薄そうな切なげな表情。透き通るような白い肌。演技もなかなかに達者である。

（吉行由実『未亡人アパート　巨乳のうずく夜』11年8月5日）

――すっぴんまでさらして熱演した平沢里菜子《ひらさわりなこ》が素晴らしいし、トロンとした目つきと頼りなげで何を考えているのか表情から読み取れない薫桜子も魅力的だ。そして、この二人が演じる絡みがまたそれぞれにエロティックで実にいい。

（佐藤吏《さとうおさむ》『人妻とOL　あふれる愛液』11年5月29日）

――（前略）彼女と並んで素晴らしいのが、薫桜子の感情表現の見事さである。シニカルな亜美《あみ》とエキセントリックな麻理子《まりこ》との対比が、物語に立体感を与えている。

（城定秀夫《じょうじょうひでお》『くりいむレモン　夢のあとに』11年6月13日）

薫桜子は、08年にピンク大賞（07年度）の主演女優賞を受賞している。また、『不倫中毒　官能のまどろみ』は、この年の作品ベストテン第2位に、『未亡人アパート　巨乳のうずく夜』は次点に選出されている。ピンク女優として薫桜子は確固たる地位を築いていき、ピンク映画ファンからの人気も、女優としての評価も高まっていた。

しかし、09年以降はピンク映画から一般映画へと主軸を移すことになる。

「舞台挨拶のトークショーで深い話になってきて、話しているうちに急に思い立ったんですよね。『自分のなかで、フレッシュな気持ちでピンク映画に向かい合えなくなってきているんじゃないか』って気づいて、いきなり、『しばらくピンクはお休みします』って言い出しちゃった（笑）。トークショーの前は、まったくそんなこと考えてなかったんですけどね」

ただし、AVのときのようにジャンルとしての表現の限界を感じたわけではない。

「AVのときは、『もうこれ以上やっていたら、自分の精神衛生上もよくないだろう』というところまで追い詰められていたのですが、ピンク映画に関してはそういうことではないので、『本当にこの作品に出たい』というものがあれば今でも出演するかもしれません」

そして、薫桜子は事務所移籍を機に芸名を「愛奏」へと改名する。

「事務所を移るので改名したほうがいいかなという理由であって、AV女優だった過去を切り離したいという意味ではないんです」

以降、愛奏は1年に1～2本のペースで一般映画に出演していくが、そのラインナップを見るとなかなかユニークだ。

俳優でもある奥田瑛二《おくだえいじ》が、じつの娘である安藤《あんどう》サクラとその夫である柄本佑《えもとたすく》のふたりを主演として撮った『今日子と修一の場合』（13年）。『まんが日本昔ばなし』の脚本家として知られる沖島勲《おきしまいさお》が、一妻多夫制となり男性が社会的に虐げられている近未来を描いた『WHO IS THAT MAN!? あの男は誰だ!?』（13年）。数々の異色作を連発し、世界中の映画賞を総ナメにしている園子温《そのしおん》が井上三太《いのうえさんた》の人気コミックを原作として撮った『TOKYO TRIBE』（14年）。ピンク映画出身で、現在、最も多忙な監督のひとりである廣木隆一《ひろきりゅういち》が染谷将太《そめたにしょうた》と前田敦子《まえだあつこ》を主演に歌舞伎町《かぶき》のラブホテルでの1日の出来事を描いた『さよなら歌舞伎町』（15年）。60年代にはその先鋭的な作風で注目されるも、パレスチナ革命に身を投じた足立正生《あだちまさお》がフランツ・カフカの短編小説を映画化した『断食芸人』（16年）。

このように、一筋縄ではいかない映画ばかりなのだ。そして、久しぶりの主演作であった東陽一《ひがしよういち》監督（東ヨーイチ名義）による『ナース夏子の熱い夏』（10年）は、目や耳に障害のある人や高年齢者にも快適に見てもらえるように、副音声や日本語字幕を加えたバリアフリー仕様のエロティックムービー「エロバリ」の1本として制作されている作品として注目されたものだった。

こうした個性的な監督の作品に多数出演しているということからも、女優・愛奏が、その独特の存在感と演技で評価されているということがわかるだろう。

AV女優という仕事をしたこと

薫桜子が一般映画の女優として活動するときに、AV出身ということがなにか足かせになった部分はなかったのだろうか。共演者やスタッフから、色眼鏡で見られることはなかったのだろうか。具体的に言えば、AVをやっていたのだから性的に軽い女性なのだと見られることはなかったのか。

「そんなことを言いそうな人には、極力、近寄らないようにしていました（笑）。わたしがＡＶをやっていたということをマイナスだととらえている人なのかどうかには敏感になりましたね。『この人はＡＶをやっていたから』って思っていそうな人はなんとなく見極められます。そういう人だとわかったら、やっぱり少し距離を置きますよね。だから、嫌な思いってほとんどしたことがないんです。『あんまり聞いちゃいけないのかな？』みたいに気を遣ってくれる人がほとんどでしたし」

ＡＶ女優という仕事に対してのネガティブな視線を感じるのは、むしろ同性である女性からだという。

「特に現役でＡＶをやっていたときに感じましたね。女性の友だちがとにかくできにくいんですよ。女性からのほうが嫌悪感を持たれていた気がします。わたしは、年上の方とお話するのが好きだったんですけど、年齢が上の方ほど貞操観念に対して厳しいことが多いじゃないですか。同世代だと、『まぁ、それもなんかいいんじゃない』で済むところが、そうはいかない。だから余計にそう感じたのかもしれません」

ただ、それは仕方のないことなのかもしれないとも理解している。

「どういう風に接していいのかわからなくて困っちゃうんだろうな、とは思うんです。差別してはいけないことはわかっていても、自分は絶対にやりたくないようなことをしている人に対して、どうすればいいのかということです。極端に言ってしまえば、考えられないような犯罪をするような人と仲良くできるのか、みたいな話かもしれません。むしろ、そういう感覚を度外視してお付き合いできる人のほうが奇特な方だと思うんですよね。デリケートにとらえる人はたくさんいるわけで、自分があけっぴろげにすればいいという問題ではないんです。ちゃんと相手のことも考えなくちゃいけないから」

薫桜子は、AVを引退したのちに豆腐屋でバイトをしていたことがあるのだという。

「そういうこともあって、中年くらいの女性の方に温かく接してもらいたいという気持ちが高まっちゃって、じゃあ、どうしようと考えたら『お豆腐屋さんがいいんじゃないか』と思いついたんです（笑）。勝手に自分のなかで、『リヤカーを引いて歩き売りするお豆腐屋さんなら、主婦に人気でおばあさんとも気さくに話せるんじゃないか』って思い、しばらく働いたんですよね。予想どおりに親しくしてもらえましたよ。主婦の世間話にも混ぜてもらえたし、『息子の嫁にどうか』なんてことも言われたり（笑）」

Vシネマやピンク映画に出演しつつ、1年間ほど豆腐屋でアルバイトを続けた。

「もちろん、AVのこともピンク映画のことも言わなかったんですけどね。『わたし、じつはこういう者なんですが、こういう気持ちになりたくてここでバイトしてるんです』なんて言うのはおかしな話じゃないですか（笑）。でも、一般社会の日常の女性の姿を感じたかったんです。それは凄くいい経験になりました」

それでは、AV女優だったという事実が、その後の恋愛関係において障害とならなかったのだろうか。

「わたし、男運はいいんですよ（笑）。『AV女優をやっていたから付き合えない』みたいなことを言われたこともなかったんです。ただ、20代半ばくらいのときにかなり深いお付き合いに発展した人がいたんですね。その人に言われたことでハッと気づいたんですよ」

彼女にとっては、「その人の子どもを産みたい」とまで思った男性だった。彼もそのつもりだったのだろう。彼は、こう言った。

「たとえば将来、子どもが生まれたときに、その子は『おまえの母親はAV女優だ』と言われてしまう可能性がある。だからこそ、そのイメージが払拭《ふっしょく》できるほど女優の仕事を頑張ってほしい」

「それは、わたしを励ますための思いやりから出た言葉だったのだと思います。それまでわたしは、子どもがそんなことを言われる可能性なんて考えてなかった。だから、『あぁ、わたしと結婚しようとする相手はそこまで考えるんだな』って、そのときに初めて感じたんですよね」

将来、子どもができたときに、自分がＡＶ女優であったことを話せるのか——そう尋ねると、少し考えてからゆっくりと答えた。

「うーん、言いたいですよね。たぶん、言います。肉親って、ひとつの人生を見せてあげられる存在じゃないですか。だからこそ言わないと、わたしがそれをやった意味もなかったんじゃないかということになってしまう。でも、もし娘が『わたしもやる』と言い出したら、『不毛だから止めなさい』と言うでしょうね。自分もそこにあった壁に突き当たったわけですし」

薫桜子は、ＡＶ女優という仕事に対しては複雑な思いがある。男性のファンタジーを演じなければならなかったことに違和感を覚えて辞めたわけだが、やったこと自体には後悔はしていない。

「ＡＶをやったからこそ、人間のバックボーンを描くことの大切さに気づいたわけですし、やっていなかったら映画で女優をやることもなかったわけですし」

ただし、AVと比べるとVシネマやピンク映画は出演料が圧倒的に安かった。

「ピンク映画で主演でも、AVの十分の一とか、もっと少なかったりするわけです。でも、スタッフはさらに少ないギャラでがんばっているから、『しょうがないかな』って思っていましたね」

ピンク映画の世界では、監督がギャラをもらうどころか制作費を持ち出しすることも珍しくない。ある意味、つくり手の情熱で回っている業界である。

「この間、わたしの昔の作品が上映されるというので阿佐ヶ谷《あさがや》の映画館まで見に行ったら、急に舞台挨拶をすることになったんですね。そこには、以前ピンク映画で仕事を一緒にした50代の人が6人いて、全員独身という……。社会的なものを犠牲にしつつ、その世界にいるんですよね、みんな。そう思うと、『わたしだけ贅沢《ぜいたく》は言えないな』と。でも、3年に一度くらいは『あのとき、AVもう1本撮っておけばよかったな』と思いますよ（笑）。当時もう1本って話があって、ギャラも倍くらいもらえるはずだったんですけど、断っちゃったんですよね。そのときは、『もう無理だ』と思ったんです。でも、1本くらい撮っても別によかったのに、なんでツッパっちゃったんだろう、わたしって（笑）」

しかし、それもまた疑似本番でそれだけギャラがもらえたＡＶにとってもいい時代の話である。今はその頃に比べると、ＡＶ女優のギャラの相場も大幅に少なくなっているのだ。

「さっきの、もし娘がＡＶに出ると言い出したらという話ですけど、『今は昔とちがって、ギャラも安くて割に合わないから止めなさい！』というのがいいのかもしれない（笑）」

そして、バーのママとしても

12年、薫桜子は女優業と並行して新宿二丁目にある『Ｓｈｒｉｍｐ Ｂａｒ Ｅｂｉｄｏｎ』というバーのオーナーとなる。カウンターのみ8席の小さな店であり、店名のとおりに海老《えび》を中心とした魚介料理にこだわっている。

「その前のオーナーさんが経営を辞めるというので、軽い気持ちで引き継ぎました。ゴールデン街で先輩の俳優さんがお店をやっていたりして、『そういう、仲間が集まれる場所っていいな』と思っていたんですよね。それまでも、行きつけのお店で週1のバイトをしたこともあったし、自分の母親がお店をやっているのでたまに手伝ったりもしていました。ただ、自分はお客さんでいるほうが好きなタイプだし、それまで自分で店をやるということは考えたこともなかったんです」

実際にやってみると、バーのママとしての仕事は楽しかった。

「あらためて、『自分は人間が好きなんだな』と確認できましたね。いろいろな人がきていろいろな話をする。子どもに自分の過去を伝えるという話も同じだけど、きっと人間はそうやって会話を重ねることで進化してきた生き物なんですよ。だから、特定の場所に集まって話をするというのは、大切なことなんじゃないですかね」

「ほら、また話が大きくなってる。愛さんはお酒を飲みだすとだいたい決まって宇宙の話がはじまるんですよ。とっても壮大な話になっていく（笑）」

じつは店によく顔を出すという、本書の編集者がからかった。

同性愛者の街として知られる新宿二丁目のなかで、ゲイ向けでもレズ向けでもない珍しいノンケの店だが、周囲の店のベテランオーナーたちからも可愛がられているという。

店には映画好きの客も多く、役者仲間もよく訪れるため、夜な夜な映画談義で盛り上がっている。

店の常連たちが中心になり結成した、『新宿Ｂａｓｅｂａｌｌ Ｃｌｕｂ愛』という野球チームまであり、時間を見つけては熱心に試合を行っているという。薫桜子は、そこではキャプテンでありセカンドを守っている。

「愛さんは、それまで仕事以外でチームプレーをしたことがなかったらしいんです。だから、野球というスポーツでチーム一丸になって戦うのは新鮮な体験だし、とても楽しそうにしていますよ」（チームのメンバー）

なかには、AV女優時代のファンが店に客としてくることもある。

「何人かはいますし、今はネットの時代だから調べればすぐにわかると思うんですよ。でも、あえて話題にするという方はほとんどいないですね」

もし、AV女優時代のことを話題に出された場合はどう感じるのだろうか。

「自分の過去のひとつとして、『そんなこともあったね』という感じですけど、結局もっとちがうことをやりたいと思って辞めた世界ですから、そのことを素晴らしく語るというのはなかなかできませんよね。疑似精子ってどうやってつくるのか、みたいな話ならできるんですけどね（笑）」

AV女優という職業に対しては複雑な思いを持っている薫桜子だが、自らの歴史のなかからその過去を消したいとは思っていない。

「昔のAVを見ると、『わたし、下手くそだな』とは思います。でも、それもわたしなんですよね。そして、AV女優になったからこそ今のわたしがあるとも思っています。『AV見ました。よかったですよ』って言われれば、それはやっぱり嬉しいことだから」

過去はすべて現在につながっているのだ——薫桜子は、そう感じている。

今、薫桜子、いや愛奏としての目標はどこにあるのだろうか。

「それはもちろん、いい女優さんになりたいということですよね。今は凄く静かな世界を描いた映画に出てみたいですね。そういう映画に出ることができたら、自分のなかでもまたなにかが変わるんじゃないかなって」

ヌードや濡れ場がある役のオファーにも抵抗はない。

「それで声をかけていただけるなら、いくつになってもやっていきたいですよ。『カラミのシーンだったら任せてくれ！』って感じです。ちょっと他の部分は自信ないかもしれないけど……そこだけは凄いよって（笑）」

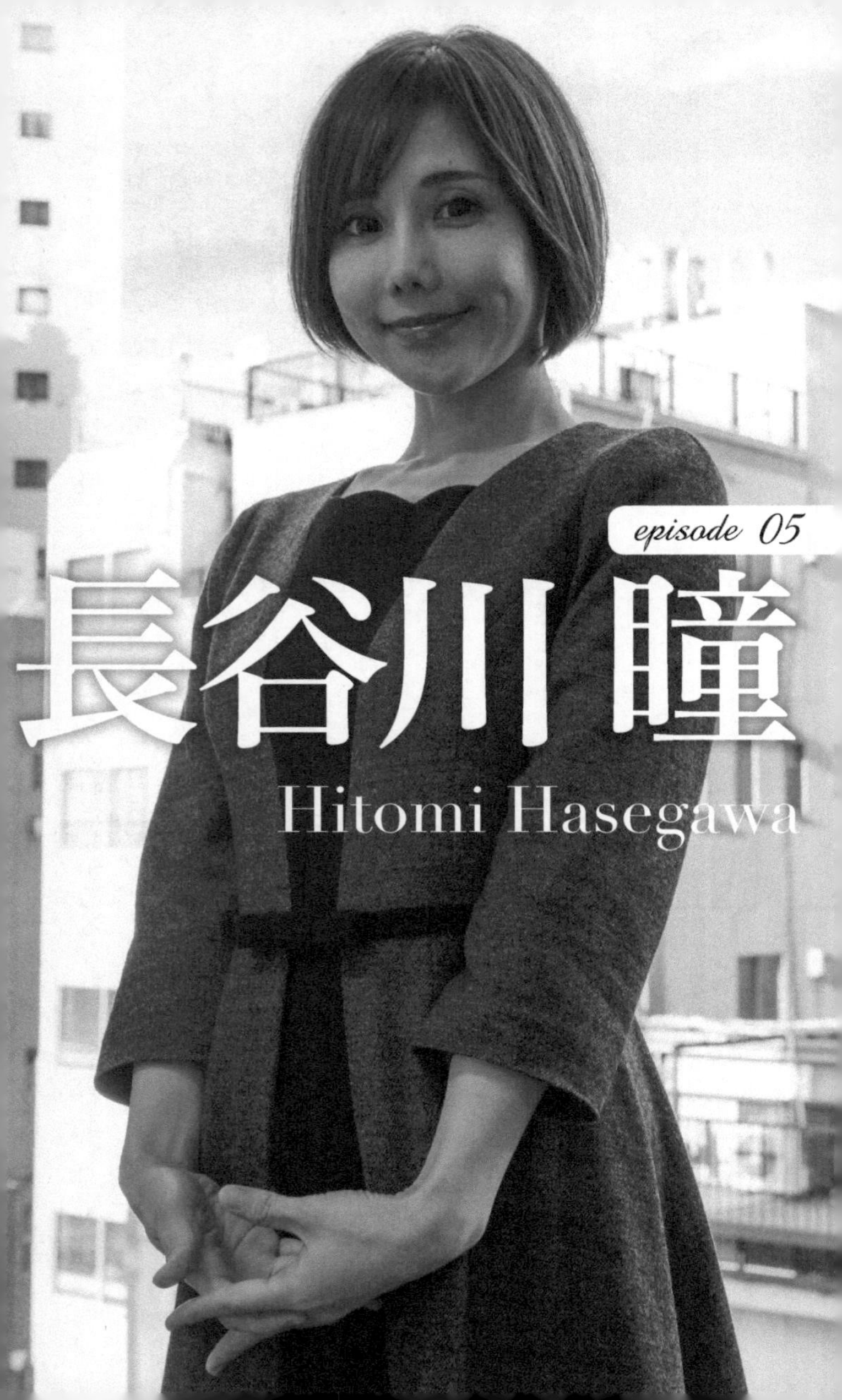
episode 05
長谷川 瞳
Hitomi Hasegawa

長谷川瞳を切り捨てることは考えたことがない。長谷川瞳じゃない自分は考えられない

Profile

はせがわ・ひとみ●1981年10月28日、東京都に生まれる。2001年に『処女宮』でAVデビュー。03年には、及川奈央、神谷沙織、早坂ひとみ、紋舞らんと「ミリオンガールズ2003」に選出され一世を風靡した。また、デビューから6作品連続でTSUTAYAのレンタルランキング1位を獲得。「レンタル女王」と呼ばれ、『トゥナイト2』（テレビ朝日系）などでも取り上げられたことも。04年に引退し、その後はソープランドに勤務している。AV女優時代から行っているライター業も続けており、現在は小説にもトライしている

AV女優と風俗の関係

風俗とAVは、1980年代の黎明《れいめい》期から密接な関係にある。多くのAV女優が風俗からスカウトされてAVへと転身しているが、その過去は隠されることが多かった。ファッションヘルスの超人気風俗嬢としてテレビ番組や雑誌に出演しまくっていた女の子が、AV女優としてデビューした途端にまったくその過去を〝無かったもの〟にしたときには驚いたものだ（しかも、店での源氏名をそのまま芸名にしているのに……）。

この頃のAVアイドルは、「AVには出演するけれど、じつは清純」というキャラクターづけをさせられることが多かったため、そうした売り方の手法が採られたのだろう。

90年代に平成風俗ブームが巻き起こると、「風俗アイドル＝フードル」がAV女優以上に人気を集めた。そうなると、彼女たちがAVに出演するときも人気風俗嬢であることを肩書として打ち出すようになる。「なかなか予約が取れない人気風俗嬢」ということがセールスポイントとなったのである。

また、モデルプロダクションが風俗店と提携し（あるいは経営し）、AV女優として現役のままで風俗嬢としても活動するという子も増えていった。週刊誌などでも、たびたび「現役ＡＶ女優を抱ける店」という特集が組まれるようになった。

現役ＡＶ女優の場合は、他の風俗嬢よりも高い特別料金を設定している店もある。また、実際には在籍していないのに、さも在籍しているかのように売り出す〝名前貸し〟をするパターンも存在する。いつもテレビ画面越しに見ているＡＶ女優と実際にプレイできるということは、それだけアピールできる魅力になるのだ。

インターネットには、ＡＶ女優風俗嬢専門の情報サイトがいくつもある。そうしたサイトを覗《のぞ》いてみると、４０００人近くの「ＡＶ女優風俗嬢」が登録されている。現在、ＡＶ女優として活動している人数が約６０００人というから、その半数以上が風俗で働いているということになるが、実際はこの数のなかではＡＶ女優を引退し（もしくは実質的に引退状態）、風俗専業になっている子が大半である。また、ＡＶ女優と言ってもほとんど無名の企画女優もかなりの割合を占めている。それでも、「ＡＶ女優」の肩書は、風俗客にとっては魅力的なセールスポイントとなるのだろう。

風俗との兼業は、プロダクション側が持ちかけることもあるが、「撮影の仕事がない時間がもったいない」「少しでも多くお金を稼ぎたい」とAV女優側から紹介を頼んでくるケースも多いという。

また、風俗は引退後のAV女優の大きな受け皿としても機能している。AV女優が引退後もその芸名のままで活動するには、ストリップか風俗の〝二択〟しかないという時代も長かったほどだ。

風俗と言っても、キャバクラなどの水商売はともかく、ヘルスなどの射精風俗で働くことは「風俗堕《お》ち」というネガティブなイメージがどうしても拭《ぬぐ》えない。なかでもソープランドともなると、ヘルスやデリヘルなどに比べるとよりディープな印象を受けざるを得ない。

「それはわたしも思っていましたよ。『あぁ、わたしもついにソープか……』みたいな。だから、最初の頃のお客さんには『申し訳ないことをしたな』って思っています。あまりやる気がなかったんですよね、はじめの頃は……」

AV女優を引退して13年目となる長谷川瞳が、少し済まなそうな表情でそう言う。現役時代同様に、清潔感のあるショートカットスタイル。はっきりとした顔立ちの美貌《びぼう》。もちろん20代前半だった現役時代とはだいぶ印象は変わっているが、上品な大人の女性としての魅力に溢《あふ》れている。「美熟女」という言葉が、あまりにも似合い過ぎる。

「でも、最初に行った吉原《よしわら》の店から川崎《かわさき》の店に移ったときに、店長にもの凄《すご》く怒られたんですよ。『AVとソープは全然ちがう世界なんだ。今までAV女優として頑張ってきたっていうのを1回すべて忘れろ』って何度も講習をやらされました。そのときに、ソープの厳しさとやりがいが理解できたんですね」


長谷川瞳は現在、神奈川県川崎市にあるソープランド店で働いている。入浴料2万円、総額で6万円以上といういわゆる〝高級店〟だ。この店で働きはじめてもう12年になるという。勤務している店の公式サイトを見ると、彼女の下着姿のグラビア写真が掲載されていた。現役時代と同じく、いや当時よりも引き締まった素晴らしいプロポーションであることがよくわかる。

「鍛えていますから！（笑）。あの頃よりも体脂肪率も低いですし、体内年齢だって20歳なんですよ」

店のサイトの、彼女の紹介文にはこう書かれている。

――ルックスは誰もが一目置く程の美人で、プロポーションも抜群。その上性格も良く、非の打ち所の無い女性でございます。殿方を優しく包んでくれる母性豊かな彼女は、殿方の疲れを取り癒《いや》してくれる、女神のような存在です。

文学少女、名門シリーズからデビュー

長谷川瞳は2001年に『処女宮 メモリアル』でAVにデビューした。

『処女宮』は、88年に元・ハワイアン歌手の葉山《はやま》レイコが鳴り物入りでAVデビューしたのを……

『処女宮 うぶ毛のヴィーナス』からはじまり、以降も星野《ほしの》ひかる、浅倉舞《あさくらまい》、夕樹舞子《ゆうきまいこ》、古都《こと》ひかるといったAV史に残るビッグネームを輩出してきた名門シリーズだ。シリーズと言っても、数年に一度という変則的なペースでのリリースであり、老舗《しにせ》AVメーカーh.m.p（芳友舎、芳友メディアプロデュース）が、その名にふさわしい逸材と認めた女優のデビュー作にのみ許されるタイトルなのである。

長谷川瞳は、その10人目の『処女宮』女優としてAV業界に登場した。つまり、大きな期待を背負ってのデビューであったのだ。

「AVをやると決めた時点で、かなり勉強しました。本屋さんでエロ本もいっぱい立ち読

みしたりして。考えてみたらだいぶ迷惑ですけど（笑）。だから、『処女宮』に出たい、『処女宮』に出られれば一番になれるっていうのはわかっていたんです。もし『処女宮』がダメなら『官能姫』で、とか（笑）。それくらいの知識はありましたね。ですから、『処女宮』が決まったときは凄く嬉《うれ》しかった」

『官能姫』というのは、『処女宮』に次ぐ位置にあるh．m．pのシリーズである。ここからも、白石《しらいし》ひとみ、小室友里《こむろゆり》、麻宮淳子《あさみやじゅんこ》などの大物女優が生まれている。

「『処女宮』もいっぱい研究していました。監督との面接の際にも『ちゃんと見てきました。『処女宮』は、こういう感じのものですよね？』って自信満々に話したら、『はい、ダメです』って言われて。『処女宮』は初々しさがないとダメだって言うんです（笑）。『これからAVを見るのは禁止』って言われましたね」

長谷川瞳のデビュー作となった『処女宮 メモリアル』は、ドキュメンタリータッチの作品となっている。

「台本もなくて、カラミがいつあるのかも教えてもらえなかったんです。わたしの生々しい反応を撮りたかったみたいですね」

撮影は山梨県小淵沢《こぶちざわ》のペンションスタジオで行われた。明るい陽光の下で、ピンクのカーディガンを着たショートカットの長谷川瞳がインタビューに答えているシーンから作品ははじまっている。

「どんなビデオにしたいか？」という質問に彼女はこう答えている。

「見る人に楽しんでもらえる作品もつくりたいけど、長谷川瞳をわかってもらえるような作品にしたいな」

「わたしを見て、いろんな風に思ってもらえたら……。それはやっぱり性の対象であったり、でも恋愛の対象にもなるような。見ていてやりたくなるような女っぽいところもありながら、初恋の子に抱くような感情を抱かれるような……」

そして「セックスとはなにか？」と聞かれると「人を知るために大切なものだと思うんですけど、それは癒しにもなるし凶器にもなるものなので扱い方を間違えちゃいけないなと思う」と、いささか文学的な回答もしている。

そして、本作のなかで長谷川瞳は自作の詩を何編も朗読している。

たとえば、こんな詩だ。

――暗闇から抜け出せず、くる日もくる日も孤独と戦いながら「なぜ？」「どうして？」を繰り返していた。

「もう死ぬまでここから抜け出せないんじゃないか」

「だったらいっそ死んでしまいたい」

でも死ぬこともできず暗闇から抜け出すこともできず、もう何日、何カ月、何年経ったのだろう。

ある日、一筋の光が見えた。

「ここから抜け出せるかもしれない」

わたしは希望に満ち溢れていた。

こんな気持ちになったのは、どれくらいぶりだろう。

光の差すほうへわたしは歩いた。

途中、どこまで歩かなきゃならないのかと不安になりもしたが、たとえ出口がなかったとしても「あそこに戻るよりもきっといいはずだ」と自分に言い聞かせながら、ひたすら歩いた。

不思議と気持ちは晴れやかだった。

光の先には扉があった。

その扉を開けたらなにがあるのかと考えもせず、なにかに導かれるようにそっと扉を開けた。

そこは地球だった。

空の深さに息を飲む。

海の広さに涙した。

そこには、わたしひとりしかいなかったのだけど不安や孤独は感じられなかった。

「もう大丈夫」

わたしは、自分にそう伝えた。


「趣味を聞かれて『詩とか、いろいろ書くことが好きです』って言ったら、『じゃあ、書いた詩を持ってきて』って言われたんです。持っていったらそれを読まされたんですよね。もともと書くのは好きなんです。学生のときは、詩や作文では賞を獲《と》ったりしていましたし、『そういう道に進めたらいいな』とは心のどこかで思っていましたね」

このデビュー作を見ての長谷川瞳の印象は、いわゆる〝文学少女〟だ。その眼差《まなざ》しに意志の強さは感じられるが、どことなく不安定でもある。揺れ動く20歳の女の子——。そんな瞬間、瞬間が切り取られ、記録されている。

まず頭でしっかりと考えてから動こうとするような、いささか頭でっかちな文学少女である彼女の心の壁を崩して、初々しい反応を引き出そうとスタッフは台本に頼らない進行で撮影に挑んでいる。

「スタッフがなかで待ってるんで」

ペンションのなかに入るように指示される長谷川瞳。言われるがまま入ると、そこには男優の吉田潤《よしだじゅん》がブリーフ一枚の格好でベッドで待ち構えている。

「いらっしゃいませ」

そして、戸惑う彼女を尻目《しりめ》に最初のカラミがはじまる。

「驚いてしまって……もう、頭のなかが真っ白になりましたね。自分で用意してきたシナリオがまったく通用しない（笑）。あれこそ素の自分でした」

スタッフの作戦は見事に成功したと言えよう。ただし、だからといって素になった彼女がなにもできなくなったわけではない。

「わたしが吉田潤さんの〝あれ〟をパッと咥《くわ》えたんですよ。『頑張らなくちゃ』って思って。そうしたら、『瞳ちゃん、ちょっと待って』ってマネージャーさんからストップがかかったんです。『自分からやっちゃダメだよ……』って（笑）。わたしはいいものを見せようと一生懸命だったんですけどね。もちろんそのシーンは撮り直しになりました」

「初めての撮影に挑む新人女優が自分からフェラチオするなんて、初々しくない」とスタッフ側は判断したのだろう。この時期は、まだまだAVをつくる側も頭で考えた「初々しさ」から抜け出せていなかったのだ。

そして、このデビュー作での長谷川瞳は、反応も激しく、セックスを十分に満喫して楽しんでいるように見える。もしかしたら、当時のつくり手側としては少し不満だったのかもしれない。

「裸を撮られる、セックスを撮られるということに対してはまったく抵抗はなかったですね。恥ずかしさもあまりなかった。なぜなら、〝そういう仕事〟なんだと思っていたので」

デビューしてすぐに受けたAV雑誌のインタビューで、長谷川瞳は初めての撮影の印象をこう語っている。

瞳：（前略）すごく楽しくて撮り終わった後、なにかいろいろ考えちゃって熱出しちゃったんですよ、知恵熱みたいなの（笑）。

――知恵熱？

瞳：そう、終わって帰った日に寝こんで（笑）。でも、すごく楽しかったんですよね、今まで経験したことのない楽しさだった。

――何が楽しかった？

瞳：人がいっぱいいるじゃないですか、その輪の中にいるっていうのが楽しくて…。何か、世界観変わりました（笑）。

（三和出版『ベストビデオ』01年11月号）


そして長谷川瞳は、人気AV女優として以降4年間にわたり活躍することになる。

一番になれば彼にもわかってもらえると思っていた

長谷川瞳の初体験は13歳、中学校2年生のときだった。

「小学生の頃から性に対する興味は強かったんです。きっかけは、たぶんお父さんが読んでいた漫画かな？　といっても、『課長島耕作』とかそういう程度の漫画なんですけど、そこに出てくるセックスのシーンに惹《ひ》かれたんですね。『凄い果てしない快感』とか書いてあるから、『どんなものなんだろう？』って。早く体験してみたかったんですね。だから、彼氏ができたらすぐにエッチしちゃいました」

当時から、長谷川瞳には性に対してあっけらかんとした感覚があったらしい。前述の『ベストビデオ』のインタビューにも、こんなくだりがある。

――（前略）そういえば、H話って中高生くらいだと盛り上がるでしょ、初体験話とかしたの？
瞳：すごい盛り上がるんですけど、私が言うとリアルだって嫌われる……。言い過ぎとか下品だとかシカトとかされて（笑）。あの娘はちょっとオカシイとか。まだみんな処女とか童貞だから興味はあるんだけど、夢を壊されたみたいな感じで。
――どんな風にリアルに喋《しゃべ》ったの？
瞳：体位とかどうやってやるのって聞かれたから、こうやってやるのって実践とかみんなの前でやってると、やり過ぎって感じで言われたり。彼氏の友だちとかにも『お前の彼女、やり過ぎだから止めろよ』って言われたり。

――彼もいる所で実践したの？

瞳：うん、何か普通に（笑）。

（三和出版『ベストビデオ』01年11月号）

中学生のときに、「自分は将来AV女優になるのではないか」という予感もあったと言う。

「そのときの彼氏が『デラべっぴん』ってエロ本を集めてたり、AVを見せてもらったりしていたんですけど、『自分もこういうのをやろうと思ったら、けっこういけるんじゃないかな？』って考えたことがありました。AVなんか見ても、女の子の反応もどこかウソっぽくて『わたしのほうがもっと上手にできるな』って思っちゃったんですよね」

高校を卒業した長谷川瞳は、水商売なども経験しつつも当時付き合っていた彼氏と同棲《どうせい》していた。

「彼氏の家に引き籠《こ》もっていました。同棲する前は水商売をやっていましたね。仕事だと思うとはじけられるんですよ。お金は稼げたんですけど、フッと緊張が途切れるともうなにもできなくなっちゃう。外にも出たくないし、誰とも会いたくなくなって、彼氏の家にずっといたという感じですね。好きになると離れたくなくなっちゃうんですよ。それはもう高校生の頃からで、ほとんど家に帰らないで彼氏の家に泊まり込んだりしていたほどです。彼氏のお母さんに、『もう帰りなさい！』なんて言われるんですけどね。そのときも、彼が好き過ぎてひとりで彼氏の帰りを待っているのが楽しかった」

長谷川瞳は自分を「コミュ障＝コミュニケーション障害」だと言うが、普通に他人と接することができないわけではない。

「なんでしょうね……波があるんですよ。学校でもクラスの凄い人気者になっているときと、登校拒否しちゃうときみたいな時期があるんです。母親には、『いつも外に出ると無理してるね』って言われていました。外面を頑張っちゃうんですね。本当は家でひとり遊びしていたい子なのに」

水商売をやっていたときも、無理をしてまで売上を伸ばそうとしていた。

「お酒はあまり飲めないのに、頑張って飲んで、トイレでゲーって吐いたりしてまでボトルを入れてもらっていました。褒められれば褒められるほど頑張っちゃうんですよ。そうやって燃え尽きちゃうというのを、何度も何度も繰り返していましたね」

『処女宮 メモリアル』のなかでも、こう呟《つぶや》くシーンがあった。

「一個のことがダメになっちゃうと、もう全部に対して『嫌〜！』となっちゃうとか。そうするともう人に会いたくない病みたいなのになっちゃって。また自分のことを追い詰めて……」

そんな女の子が、どうしてAVに出演することになったのだろうか。

「彼氏が、とある事情で地元に帰らなくちゃいけなくなったんです。部屋も引き払うっていうから住むところもなくなっちゃう。『どうしよう……』と途方にくれていたところに、タイミングよく渋谷でスカウトされたんです。家も借りてくれるというから、『これはちょうどいいな』って思いました」

AVに出演することに抵抗はなかったのだろうか？

「水着と裸のちがいがわかっていなかったんですよね。水着なら平気なのだから、一緒じゃないかなと思っちゃった。事務所も説得するのが上手《うま》かったんですよね。ヌードグラビアを見せてもらって『こんなに綺麗《きれい》に撮ってくれるんだよ』って言われると、『自分も撮ってもらいたい』って気持ちになるんですよね」

そのとき、長谷川瞳はスカウトマンに「一番になれるのであれば、やります」と答えている。

「なんであっても一番になれたら『変われるんじゃないか』と思ったんです。なにか名を成せば、なにもない人よりも自分の話を彼氏に聞いてもらえるんじゃないかなって」

彼氏は地元へ帰ることになったが、別れたわけではない。遠距離恋愛として関係は続ける予定だった。

「（AVでも）『一番になったら彼もきっとわかってくれる』って勝手に思い込んでいたんですよね。本気でやっているというのがわかってもらえれば、『おまえも頑張ってるな』って仕事として認めてもらえるんじゃないかって。そんな甘いことを考えていました。『わたしたちは愛し合っているから大丈夫だ』って。もちろん、そんなことはなかったんですけどね」

AV女優は恥ずかしい仕事ではない

長谷川瞳には、もうひとつAVに出たいと思った理由があった。

「イッてみたかったんです。セックスでエクスタシーを感じてみたかった」

小学生の頃から、父親の漫画を読んで知った「凄い果てしない快感」を体験したいと思っていた。セックスの快感に対する興味はもともと強かった。

「快感に対しては、貪欲《どんよく》過ぎるくらいに貪欲だったと思います。高校生のときから、電マを持ち歩いていたくらいですから」

東急ハンズで購入した電動マッサージ機でのオナニーで知った快感の虜《とりこ》になり、それをいつもカバンのなかに忍ばせていた。

「高校のトイレでも、それでオナニーしていました。もう、暇さえあればイキたかったんですよ。彼とするときも、マッサージ機当てながら入れてみたりとかしていましたから」

それは逆に言えば、彼とのセックスでは電動マッサージ機ほどの快感を覚えることはできなかったということを意味する。

「これはわたしのほうの問題だと思うんですけど、わたしは自分が気持ちよくなるよりも、彼に喜んでもらいたいという意識が強かったんですね。だから、彼にクンニなんかもしてもらいたくなかったんです。でも、そうすると自分はイケないじゃないですか。『彼に頑張ってもらいたくない』『気持ちよくなっていて欲しい』という気持ちがある。でもそういう気持ちがあるから、わたしが気持ちよくなりたいということとは一致しないんです。わたしは彼とのセックスではイク演技をしていました。そうすると彼は喜んでくれる。だからどんどん言い出せなくなってしまう。『本当はイッてない』なんて言えなかったんです。そのジレンマに苦しんでいた。だから、『AVだったら、男優さんだったら、イカせてもらえるんじゃないかな』という気持ちはありました」

AVの撮影で、その望みは果たせたのだろうか？

「やっぱり男優さんは上手でしたし、気持ちよかったですよ。ちゃんとイケましたしね。そういえばAV辞めてしばらくは、『誰かに見られていると思わないと感じない』という時期もありました。AVには、見られている快感というのもあったのでしょうね。職業病みたいなものかもしれませんけど」

こうして、AV女優として順風満帆なデビューを果たした長谷川瞳だが、遠距離恋愛となった彼氏にAV出演がバレてしまう。

「当時、彼は役者の卵みたいなことをしていたんですよ。だからわたしも、『モデル事務所にスカウトされて、イメージビデオみたいなものに出るかもしれない』みたいに濁していたんですね。でも、速攻でバレました。AVのランキングを見たらわたしが出ていたって（笑）。それで別れることになりました」

母親にも見つかり、絶縁状態となる。ただ、妹は好意的だったようで「（人気男優の）加藤鷹《かとうたか》とカランできてよ」などと冗談を言ったという。

「そのときわたしは、加藤鷹さんのことを知らなかったんです。妹のほうが詳しかった（笑）」

彼氏の口から、地元の友だちにも広まっていた。

「引退した後に地元の飲み会に行ったら、女友だちが『ずっと応援してたんだよ！　ビデオ屋のランキングで2位になってたから、（パッケージを）1位にしておいたりしたよ』なんて言ってくれましたね。それを聞いたときは嬉しかった」

長谷川瞳本人には、ＡＶ女優であることを恥じる気持ちはなかった。

「うしろめたい気持ちは全然なかったんです。職業に貴賤《きせん》はないというか、誇りを持ってやっているんだから恥ずかしくもない。『自分が卑猥《ひわい》なことをしているんだ』という認識もなかったんですよね。今思えば、なさ過ぎたくらい（笑）」

本人に恥ずかしい仕事をしているという自覚がないために、周囲と摩擦を起こしたりもした。

「お姉ちゃんの彼氏に、自分の出演作を見せちゃったこともありました。そうしたら、猛烈に怒られて。でも、どうして怒られたのかも全然わからなかったんですね。こっちはただ、このときの撮影が楽しかったからという理由でその話をしたいと思っていただけなんですけど」

仕事以外の場面で、自分に対して性的な目を向けられることも理解できなかった。

「たとえば、『オレもハセちゃんとやりたいよ』なんて言われると驚いちゃうわけです。『え、なんで？　仕事じゃないからあなたとはやりませんよ』って。『いいじゃない』みたいに手を触られたりすることもありましたけど、すぐに拒否していました。そういう卑猥な目で見られていると思っていなかったんです」

長谷川瞳は、あまりにも無邪気にAV女優という職業を考えていたのである。

「楽しかったですね。メーカーの専属だったので、撮影は毎月1回で3日間拘束でしたが、その日が待ち遠しくてたまらなかったくらいです」

レンタルとセルの世代交代のなかで

長谷川瞳のh.m.pでの専属契約は03年初頭まで続き、全19本の作品に出演した。その後は、セル系メーカー中心に活躍することとなる。

新規メーカーのなかでも大手となるケイ・エム・プロデュースの看板レーベルであるミリオンでは、メーカーのイメージガール的存在である『ミリオンガールズ２００３』にも就任。及川奈央《おいかわなお》、神谷沙織《かみやさおり》、早坂《はやさか》ひとみ、紋舞《もんぶ》らんらとともに、おおいにメーカーを盛り上げた。

この時期は、レンタル系メーカーよりもセル系メーカーに勢いがあり、そのなかでも大作にばかり出演する長谷川瞳は大きな注目を集めていた。すでに、レンタル系メーカーからセル系メーカーへ仕事の場を移すことが、「落ち目になった」という印象でとらえられることもなくなりつつあった。

しかし、彼女は引退を考えるようになっていた。

「たぶんストレスだと思うんですけど、髪の毛が抜けちゃったりしたんですね。自分がベストな状態じゃないのはわかっているのに、カメラの前に立つのが辛《つら》くなってきたんです。これだと、ユーザーさんも見ていて心配になるだろうなって思いましたし」

デビューから専属契約してきたh．m．pを離れて、まったく撮り方のちがうセルメーカーで仕事をするようになってからのギャップは大きかった。

「セルって〝直接的〟なんですよ。作品をつくろうというよりも、『ハメシロを撮ればいい』みたいな意識が強かった気がします。やることもどんどんハードになっていった。まだ、そこに監督のこだわりが感じられればよかったのですが、それもなかった。でも、そこでも頑張れるのが本当のＡＶ女優だと思うんです。事実、他の子たちはそれでも頑張れた。でも、わたしはそこでくじけちゃったんですね」

ハメシロとは、ペニスが女性器から出し入れされる部分、つまり結合部のことだ。日本ビデオ倫理協会（通称・ビデ倫）が審査したレンタル作品に比べて、修正が薄くモザイクが小さなセル作品では、性器そのものをアップでよく見せようとする傾向が強かったのだ。ヘアもアナルも見せられるというのは、まだそれを禁止していたレンタル作品に対しての大きなアドバンテージでもあった。ユーザーが見たいところをしっかり見せるというのがセルの姿勢であり、セールスポイントでもあった。

内容も、監督が「作品」としてつくろうという姿勢が強かったレンタル作品に比べると、セル作品はオナニーのためのツール＝「商品」としてつくろうという傾向がはっきりしていた。

h．m．pの看板監督として活躍し、同社で『口全ワイセツ38』『ザ・生贄』などの長谷川瞳作品を手がけていた神野《じんの》龍太郎《りゅうたろう》監督が03年に独立し、自らの新メーカー『レックオーバー』を設立した時期のインタビューが、『オレンジ通信』（04年2月号）に掲載されている。ここに、レンタル系のつくり手側のセル作品に対する違和感が読み取れる。発言中の「インディーズ」とは、当時のセル系メーカーの呼び方である。

神野：（前略）表現上ビデ倫で規制されているものがインディーズではOKという部分も、僕にはまったく興味がないんだ。実はメーカー名は出せないけれど、h.m.pを辞めてすぐにインディーズを撮ったことがあってさ。最初は出来る限りギリギリまで見せなきゃいけないと思って、カメラアングルを考えつつ撮ってたんだけど、その部分だけに固執しちゃうから面白くないんだよね。ボカシにもプロがいて、お尻の穴だけは消さないできっちりと挿入部分を隠しつつ見せたり。なるほどなぁとは思うけど、そこしか見せるものがないんだったら、1回だけでいいよなっていうのが僕の中ではあったたな（笑）。

（中略）

神野：僕がこんなこと言っちゃいけないのかもしれないけれど、今の作り手はねぇ、ほんと、女の子を愛してないですよ。そこが僕は耐えられない。「ここまでOKしたんだから、やれるところまでやれよ」みたいな。そういうのがまん延しているような気がするね。

ここでは、レンタル作品とセル作品のどちらがAVとして優れているかという議論は置いておくが、結果的にはユーザーはセル作品の直接的な姿勢を支持し、AV業界の勢力地図はこの頃から大きくセル優勢へと傾き、やがて逆転した。

まさに時代の転換期であり、新しい流れについていけない者は、つくり手も出演者もふるい落とされていった。

「わたしはレンタルばかり見て研究していたから、やっぱりセルのメーカーさんのご要望に応《こた》えられない部分があったんですよね。あと、わたしね、ちょっと脱肛《だっこう》気味なんです（笑）。セルになるとアナルが映るじゃないですか。でも、それを見ている人ががっかりしちゃうんじゃないかって思いましたね。そこは見せたくないなぁって」

それまでとは流儀のちがうセルの現場は、長谷川瞳を精神的にも肉体的にも追い詰めていく。

「そのとき精神的にも弱っちゃったんですよね。ハードな作品ばかり出ていると、人として扱ってもらえていないような気がしてきて。『自分がユーザーさんにお見せできる精一杯は、もうやり尽くしてしまったんじゃないか』という気持ちになっていました」

AV女優から風俗嬢へ

04年に、紋舞らん、三上翔子《みかみしょうこ》、美里《みさと》かすみとの共演作『ぶっとびシンデレラ』（ケイ・エム・プロデュース）を最後に長谷川瞳はAVを引退する。

その頃、長谷川瞳には久しぶりの彼氏ができていた。

「一応、仕事のことは知っていて、理解はしてもらえていたはずでした。でも、やっぱり撮影の日になると機嫌が悪くなるんですよね。台本に『アナル中出し』っていうのが書いてあったのを見て、彼が激怒したことがあるんです。『オレにもさせないことをおまえは仕事でさせるのか！』って。本当は、撮影そのものは疑似だったんですけどね。でも、わたし自身もちょっとおかしくなっていて、ある日の夕飯のときに自分の初期の作品とかを見せたんですよ。『こんなに頑張っていたんだ』っていうのを知って欲しいがために。でも、彼は凄く怒って箸《はし》をバーンって投げて……今考えてみれば、怒るのも当然なんですけどね」

長いことAV業界でしか生きてこなかったために、自分の感覚がずれていたことに気づかなかったのである。

「友だちもAV関係者しかいないって感じでしたからね。でも、その話をあるスタッフさんにしたら『ハセ、それはあかんで』って注意されました（笑）」

結婚も考えていたが、結局は彼の浮気が原因で別れることとなった。

「一緒に暮らしていたのですが、彼がキャバ嬢と浮気をしていたことが発覚して……。問い詰めたら、泣きながら『悪いけど別れてくれ』って言われました。でも、『これからどうしよう』と思いましたよね。事務所にも、『もう戻りません』って啖呵《たんか》を切って辞めちゃったし、盛大に引退式もやってもらっちゃったし、そうなるとAV業界には戻れない。じゃあ、もう風俗しかないかなって……」

普通に一般職で働くという選択肢は考えなかった。

「学歴もないし、一般的な仕事もしたことない。彼氏のキャバクラ遊びが原因で別れたのだから、水商売もしたくない（笑）。じつはわたし、実家に毎月送金していたんです。それが普通の仕事じゃ賄《まかな》えない金額で……。彼氏はそれなりに稼いでいたので、『結婚したらおまえの家族の面倒も見るよ』って言われていたのですが、それもなくなっちゃった。そうなると、もう風俗しかなかった。なおかつ、稼げるとなるとソープランドだろうと」

最初は吉原のソープランドで働いた。

「抵抗はめちゃめちゃありましたね。仕方なくやるという感じだったから、今思うとその頃のお客さんには申し訳なかったと感じています。実際に、接客態度もよくなかったと思いますしね。風俗をやっているというのを人に知られるのも、どこかで抵抗がありましたし」

吉原で3カ月ほど働いて、現在の川崎の店に移った。そこで、ソープ嬢としての心がけを叩《たた》き込まれることになる。

「店長に怒られました。『ソープはそんなに甘い世界じゃないんだ。今までAV女優で頑張ってきたなんてことは1回忘れろ』と言われて。泣きましたね……。ただ、ソープの世界の厳しさがわかってきたら、やりがいという部分では、AVよりもあるんじゃないかと思えてきたんです」

店長の他にも、ソープの仕事の奥深さを教えてくれた人物がいた。

「ソープのプレイを講習してくれた〝先生〟がいるんです。わたしのひとつ下の女の子なんですけど、もうプロフェッショナル中のプロフェッショナルという感じだった。わたしは彼女にソープ嬢としての極意を教えてもらいました。素直に、『凄い！』と思える人だったんです。『この人だったらお客さんは絶対に喜んでくれるだろう』『この人みたいになりたい』という気持ちに素直になれました。そこから、仕事に対する姿勢が変わりましたね」

とはいえ、プロの男優だけを相手にしていればいいAV女優と、不特定多数の客を相手にしなければならない風俗嬢ではちがいも大きい。そこへの抵抗はなかったのだろうか。

「正直、それはありましたよね。男優さんみたいにシャワーを浴びてきてくれるわけじゃないし、お客様にはいろいろな人がいるわけです。最初こそそこに抵抗はありましたけど、今なんかはいろいろな人がいるってところに面白みを感じています」

当初は、在籍していた事務所との契約の問題で「長谷川瞳」の名前が使えず、ただの「長谷川」という源氏名で仕事をしていたが、それでも働いていることを調べてやってくるファンも大勢いた。

「『自分は長谷川瞳の大ファンだったんです』って言ってくれるんですけど、わたしも言っちゃいけないので『それを長谷川瞳さんが聞いたらとてもお喜びになるでしょうね』って言ったり（笑）。お客様もわかってくれて話を合わせてくれました。しばらくしてから長谷川瞳と名乗れるようになったのですが、もう普通に『長谷川』としてのお客様がついている状態になっていましたね。でも、やっぱり今でも『ファンでした』と言って来店してくれるお客様もいます。ありがたいことですよね」

そういったかつてのファンである客と接するときは、緊張もあるという。

「みなさんとても優しいんですよ。それこそ、アイドルに会うみたいな気持ちで来てくださっています。だから、『もうただのおばちゃんだから、本当にごめんなさい……』って気分になっちゃいますね。それでも、『変わってないね』と言われると嬉しいですよ。当時の話をするのも楽しい。過去の話も嫌ではありません」

長谷川瞳じゃない自分は考えられない

ＡＶ女優として活動していた４年間は、自分にとってどんな時期だったと思っているのだろうか？

「青春時代でした。本当に青春時代だったと思う。当時、仕事で知り合った女優の子たちとは今でも友だちです。頻繁に会うというわけではないけれど、会うと当時みたいに自然に話すことができる。やっぱり同じ時代をわかりあった〝戦友〟みたいなところがあるんですよね」

もしAVをやらなかったら、別の人生があったのではと考えることはないのだろうか。

「それは考えられません。やらなかったら、暗い人生を歩んでいたんじゃないかな？　あの頃は精神的に不安定でしたし、AVに救われたんだと思います。風俗業界でも同じようなことがあるんですよ。風俗をやることで精神を病んじゃう子もいますけど、逆に風俗をやったことで治ったって子もいるんですよね。AVの現役時代で後悔しているのは、ベストじゃない状態での作品が世に出てしまったということ。あれを見てしまったユーザーさんには謝りたいです」

長谷川瞳の名前を使うようになって、もう16年になる。その名前は、もう本名と変わらないくらいに自分自身と固く結びついている。

「長谷川瞳を切り捨てるということは考えたことはないですね。もう自分自身ですし、長谷川瞳じゃない自分は考えられません。『長谷川瞳ちゃん』だったおかげで、売れてくれたおかげで今の自分があって、『本当にありがたいな』って思っています。むしろ、長谷川瞳にならなかったらと考えるとゾッとするくらい（笑）。考えたくないです」

長谷川瞳はソープランドに勤務する傍ら、ライターとしての仕事もしている。ＡＶ女優を引退してからすぐにはじめているので、キャリアは10年以上になる。

「ＡＶ女優をしているときに、雑誌に漫画を描くお仕事があったんです。そのときに担当してくださった方が『長谷川さんはなにか書いたらいいのに』と言ってくれて。それから、ライターのお仕事をいただくようになりました。長谷川瞳の名前で書くこともありますし、名前を出さないこともあります。むかしから書くことは好きでしたから楽しいですね。それと、じつは小説を勉強しています。全然ちがう名前で書いていますが『オール讀物』（文藝春秋）新人賞の三次までいったこともあるんです」

現在書いているのは、風俗の仕事をテーマにしたものだという。

「『それを書くのはタブーなのかな』って思っていたのですが、せっかくみんなが知らないようなことを体験しているんだからそれを面白おかしく書くのもいいかなと考え直して。でもわたし、あまり官能系は上手じゃないみたいなんですよね。エロくならないんです（笑）」

彼女が勤務する店のホームページにある本人のブログを見ると、毎日のように映画を観て、それについての感想を書いている。それも、フランソワ・トリュフォー（50年代～80年代に活躍したフランスの映画監督）の作品や小津安二郎《おづやすじろう》の作品など古い映画が多い。

「以前から映画は好きだったのですが、最近になってインターネットの動画配信で見られるようになったこともあって、頻繁に見るようになりましたね。小説も今までは現代作家さんの作品ばかりを読んでいたんですけど、クラッシックなものの良さがわかるようになってきました。多分、それはわたし自身の年齢的なものなんでしょうね。今までわからなかったものがわかってきました」

書く仕事をして、店の仕事をして、映画を見て、本を読んで、ランニングをして……。そんな今の生活が最高に充実しているという。

「このルーティンを過ごせることが幸せです。わたし、自分で『大丈夫かな？』って思うくらいに幸せなんです。ここ10年くらいは、ずっと今が幸せだと思って生きています」

ただし、特定の彼氏はずっと不在だという。

「ずいぶん長いことプライベートではセックスしていませんね。でも、お客様が上手なんですよ！　それこそ、男優さんに負けないくらいに上手な人が世の中にはゴロゴロしてるんです。びっくりしますね。だから、それで十分に性欲は解消できちゃう。『仕事だと気持ちよくない』という人もいるようだけど、わたしは関係なく気持ちよくなれる。だから、体力的にも疲れるのであまりたくさんのお相手はできないんですよ（笑）」

episode 06

泉 麻那

Mana Izumi

やっぱりこの業界が好き。
だから今もここに残っている

Profile

いずみ・まな●1989年6月29日、東京都に生まれる。高校中退後にスカウトされ風俗を経験したのち、その流れで2009年にAVデビュー。「ギャルAV女優の女王」として、3年の活動期間で編集版を含めると約300本の作品に出演するなど存在感ある女優として活躍した。こんがり焼けた黒肌と均整のとれた抜群のスタイル、そして、手首のタトゥーも印象的だった。12年に引退後はヘアメイクに転身。AV業界を活動のフィールドとして、現在も業界に身を置く。その他、イベント等への出演もしている

「ガチ」のギャル女優・泉麻那

AVには「ギャル」と呼ばれるジャンルがある。そもそも「ギャル」という名称は、1990年代初頭に、茶髪で肌を茶色く焼き露出度の高い派手な服装の女子高生を、ディスコの黒服たちが「高ギャル＝コギャル」と呼びはじめたのが発端とされる。95年に創刊した『egg』（ミリオン出版）のヒットや、安室奈美恵《あむろなみえ》のファッションをマネた「アムラー」のブームなどもあり、コギャルは社会現象となった。00年代以降、コギャルはお姉さん系ファッションと結びつき、単に「ギャル」と呼ばれるようになった。また、従来の日焼けもメイクも派手なギャルと、男性受けする程度のおとなしめのギャルを区別するために、前者を「黒ギャル」、後者を「白ギャル」と呼ぶようにもなる。

AVやエロ本でも90年代後半からギャル物はつくられていたが、その人気が爆発するのは、社会的なブームより少し遅れた00年代半ばになってからだった。

紅音《あかね》ほたるやMARINといったギャル系の女優が人気を集め、05年からスタートした

『WATER POLE』シリーズ（プレステージ）は、ギャル系女優を大胆に取り上げて大ヒット。そして、07年には初のギャル専門メーカー・kira☆kiraも登場。ギャル物は、AVのジャンルとして完全に定着した。

前述の紅音ほたる、MARINの他にも、愛菜《あいな》りな、KYOKO、彩花《あやか》ゆめ、ひなのりく、桐生《きりゅう》さくらといったギャル系女優が活躍した。そうしたなかのひとりとして、09年に『エスカレートするドしろーと娘 165 Mana 20さい』（プレステージ）でデビューしたのが、泉麻那だった。

「あの撮影のときは、プロダクションにギャルメイクを抑えられちゃったんですよ。髪も自毛で茶髪だし、爪も全然だし、日サロも『行くなって』言われて全然白いし、メイクもなんか超キモいし……マジ泣きましたもんね。『超ブス、超キモ、こんなので出るのマジ無理』って」

いわゆる、「男受けする程度」のギャルメイクにされたのが彼女にとっては屈辱だったようだ。

「だってまず、黒ギャル、白ギャルっていうのがわたしには意味不明。だってギャルじゃねぇじゃん、白ギャルって。なんでギャルじゃない人をギャル（白ギャルのこと）って呼ぶの？　ギャルっていったら、肌は黒くて髪の毛は明るくて爪長くてっていうのがギャルなのに、白ギャルってなに？　『キャバ嬢の端くれじゃん、こいつら』って、ずっと思ってるから。ギャルっていうのは、黒ギャルしかないし。というか、〝黒〟つけないでいい。もう、ギャルはギャルだから」

泉麻那の「ギャル」に対しての思い入れは相当強い。

「たとえば、『黒ギャルって男にモテないから、こうしたほうが男受けいいよ』って言われても、自分が好きでこういう格好してるのがギャルだと思うんですよ。『爪が長いほうが可愛い』と自分が思ったら、絶対にそれをやる。男受けとか女受けより〝自分受け〟が大事なんですよ」

泉麻那がギャルに目覚めたのは小学生時代だ。4年生の頃から髪の毛を金色に染め、120センチのロングのルーズソックスに厚底ブーツを履いて、小学校に通っていたという。

「ブームでしたからね。『ルーズソックス可愛い』って思ってましたし。写真を撮るときは絶対にｅｇｇポーズ（雑誌『ｅｇｇ』が流行《はや》らせた、手のひらを突き出すポーズ）でした」

ギャルファッションに興味を持った理由のひとつに、肌が黒かったこともあった。

「家族みんな色が白いのに、わたしだけなぜか地黒なんですよ。中学校のときとか男子に『あいつ黒過ぎだよ』とか言われてて、凄《すご》い嫌だったんですよ。だから日焼け止めとか超塗ってたし、プールの授業も一切出なかった。焼けたくないから」

しかし、ギャルならばその色の黒さがプラスになる。

「言われるんですよね、『日サロ行ってないのに、超黒くない？　地黒でいいよね』って。日サロに月1回行くだけで、ずっと黒いのが維持できるんですよ。夏なんか、歩いてるだけでもう真っ黒になっちゃう。生まれつきギャルの素質あったなって（笑）」

ギャル系女優と言われていた子のなかには、もともとそれほどギャル度が高くない子も多かったが、泉麻那はいわゆる「ガチ」だった。

彼女がデビューした時期に、それまでいたギャル系女優が揃って引退してしまったこともあり仕事が集中した。12年に引退するまでのわずか3年間で、約３００本（編集版含む）もの作品に出演している。

「わたし、〝鉄マン〟じゃなくて〝弱マン〟だからすぐにアソコが腫《は》れちゃうんですよ（笑）。だから、『2日連チャンの撮影はやめてほしい』とマネージャーには言ってたんですよね。でも、『どうしてもこの日じゃないと撮影なくなっちゃうよ？』って言われると、『じゃあ、やるよ』ってなっちゃうんですけど」

泉麻那は、ギャル系女優のトップになった。

「そう言われても、『え、そうなの？』って感じ。有名になりたいとかなかったから、ランキングとかで『1位を獲《と》りたい』って考えたこともなかったんですよ。でも、アメーバブログのAV女優ランキングで、わたしいつも4位とか5位とかだったんですけど、ギャルの子でランキング入ってるのはわたしだけなんですよ。他はみんなギャルじゃない普通の子。それに気づいたときは、『わたし、意外に凄いんだな』って思いましたけど。まぁ、それくらいですね」

そして、引退してから現在に至るまで、泉麻那はヘアメイクのスタッフとしてAV業界に関わり続けている。

援交、風俗……そして、AV女優に――

初体験は16歳のとき。ただし、その前に援助交際で中年男性のオナニーを見たり、クンニリングスをされたりという体験はしている。

「高校入った頃から悪い奴らと遊びはじめちゃって、援交とかバリバリやってました(笑)。最初こそエッチはしなくて、手コキとか、相手のオナニー見るとか、ツバ売るとか、パンツやルーズ売るとかそういうのをやってましたね」

男性がビルの階段でオナニーするのを見ると、お小遣いがもらえたのだという。それが初めて男性の性器を見た経験となる。

「チンコ見て、凄い気持ち悪いと思いましたね。あと、初クンニも援交のおっちゃんでした。そのときは友だちも一緒に3人でカラオケボックスに行って、友だちは絶対こっちを見ないって約束で歌ってて、わたしが男に舐《な》められてて。次はわたしが歌って、友だちが舐められてるっていう。『じゃあ、そろそろ交代ね』ってマイク渡して(笑)。『こんなとこ舐めて、汚ねぇ。気持ち悪い』と思いましたね」

その後、彼氏と初体験をする。だが感想は、「こんなもんか」というものだった。特に痛くもなかった。

しかし、高校1年生の夏休みで早くも高校を中退してしまい、泉麻那の暴走がはじまる。

「もう凄いやりまくりのチャラ子でしたね。ナンパ待ちしたり逆ナンしたりして、1日に知らない3人とやったりとかしてました。ちょうど、池袋《いけぶくろ》が盛りあがってるときだったんですよ。もう凄かった。歩いているだけで、『パンツちょうだい』とか『ツバ売って』とか声がかかるんですから（笑）。ちょっとカッコいい男だったら電話番号教えるけど、ブサイクだったら全然ちがう番号教えて『バイバイ』みたいなこともやってました。わたしね、けっこう〝チンコ運〟良かったんですよ。だいたい友だちと、『じゃあ、後でね』って別れてホテル行って、終わった頃に待ち合わせてマック行って『どうだった？』『イェーイ、巨チンだったぜぇ！』みたいに報告しあって（笑）。もう、全部がめちゃくちゃでしたね。だからAVでデビューして数本目に撮ったkira☆kiraのパケに、『男性経験100人以上！』とか書かれてますから。もう『セックスし過ぎて数えてない』みたいな」

やがて18歳になった泉麻那は、風俗の仕事をはじめる。

「キャッチに、『キャバクラやらない？』って言われたんだけど、わたしお酒飲めないいんですよ。そしたら『じゃあ、風俗は？』って言われて、『それならいいかな』ってホテヘルはじめました」

その後2年間ほど風俗をやり、今度はAVを紹介される。

「最初はやる気なかったんですけど、いろいろ言われてその気になっちゃったんですよね。『お金これだけもらえるなら、もっといいところに住めるし、クルマだって買えるじゃん』と思って。当時はジャガーに乗ってたんですけど、新しいクルマ欲しかったんですよね。それで『じゃあ、いいか。やろう』って。もう、ノリと勢いですね」

最初の撮影はプレステージの『エスカレートするドしろーと娘　165　Mana　20さい』だった。

「じつは、前日に緊張しちゃってなかなか眠れなかったんですよ。起きたらもう待ち合わせ時間（笑）。慌てて飛んで行ったんですけど、2時間くらい遅刻しちゃったんです。でも、撮影場所のホテルに着いたら、テーブルにツナギ（現場に用意してあるお菓子や軽食）がいっぱいあって『なに、これ凄い！』って、もうすべてにびっくりしちゃって。海綿もびっくりしたな。そのとき生理だったんだけど、『これ入れたら血が出ないんだ。すげえ』って」

撮影直前までは緊張していたものの、いざはじまるとなんの問題もなかった。カメラの前で話すのもセックスをするのも、スムースにできた。

「とにかく楽しかったですね。スタッフさんとかみんないい人だし。嫌だと思ったことはなかったです。撮影してて、『彼氏の顔が浮かんじゃって』とか言う子がけっこういるけど、わたしはそういうのないんですよね。だって仕事は仕事だし、なんで悩む必要があるのか全然わかんない」

ノリもよく、反応も激しく、そしてなによりも泉麻那の愛らしさとスタイルのよさが際立つデビュー作だった。

仕事はどんどん入ってきた。

「他の女優さんとの共演が多くなってからは、特に楽しくなりましたね。『今日、○○ちゃんいるんだ、嬉《うれ》しいな』とか『今日のメイクさんこの人なんだ。よかった』とか『監督、この人だ。やった！』みたいになってきて、知り合いができてくると楽しくなるんですよ」

デビュー当時はマネージャーの命令で、ファッションはおとなしくさせられていた。そのほうがいろいろな仕事が受けられるだろうという判断だった。

「日サロ行っちゃダメで、爪も短くしてフレンチネイルにしよう、髪の毛もエクステなしで茶髪にしようって抑えられたんです。でも、ｋｉｒａ☆ｋｉｒａの共演物（『ｋｉｒａ☆ｋｉｒａ ＢＬＡＣＫ ＧＡＬ ＳＰＥＣＩＡＬ～痴女ＧＡＬＳ ＰＡＲＴＹ～』）に出たら、みんな髪の毛エクステで色も明るくて、日サロ行ってて真っ黒なんですよ。それでわたしだけ中途半端なギャルみたいで、もう凄い恥ずかったんですよ。それでマネージャーに『仕事なくなっても絶対に文句言わないから、いつもの自分に戻させてくれ』ってお願いしたんです。それで、メイクも自分でできるようにさせてもらった」

自分らしい「ギャル」に戻った泉麻那だったが、マネージャーたちの心配をよそに、その人気はどんどん高まっていった。

それは誇りを持てる仕事なのか？

泉麻那は当然のようにギャル物ばかりに出演していたわけだが、監督やスタッフと「ギャル観」ではよく衝突した。

「いつも『ギャルはそんなこと言わねぇよ』『こんな服着ねぇよ』って思ってたし、言っちゃってましたね。全部言うんですよ。言うけど、最終的には言われたとおりにやってたんですよね。だから、『麻那ちゃんは文句言っても、結局やってくれるから』って言われてましたね。文句は絶対に言うんだけど、やるんですよ、結局、結局」

だからこそ泉麻那は、あれだけ売れたのだろう。ただ、わがままで言うことを聞かない女優であれば、たとえ人気が高かったとしてもオファーはなくなっていったはずだ。

彼女が、それだけの数のＡＶに出演を続けたモチベーションはなんだったのだろうか？

「それは単純にお金ですよ。『お金もらえたらいいや』って感じ。『有名になりたい』とか『売れたい』っていうのはまるでなかったんですよ。仕事がくるからやる、みたいな」

では、他にもっと稼げる仕事の話があればそちらをやったのだろうか？

「どうなんでしょうね？　別にそういう話はなかったから（笑）。援交とか風俗とかは、ＡＶが忙しかったからやってる暇なかったし、パパとかもいたけどもう全部切っちゃったんですよね。飯行って、一緒に歩いてとか面倒くさいじゃないですか。ＡＶのほうが楽だし、病気とかのリスクも少ないですしね」

そのうちに、「セックス＝お金」という職業病的な発想になってきてしまう。

「プライベートでセックスするのが、嫌になってきちゃった時期があるんですよ。『金くれないのになんでセックスしなくちゃいけないんだろう』って（笑）。『プライベートでセックスするなんて、すげえもったいないことしてるな』って思うようになっちゃったんですよね。それもよくないから、するようにしたけど（笑）」

あれだけの本数のＡＶに出演していたが、じつは泉麻那のパブリシティ制限（テレビや雑誌、新聞などで扱えるかどうか）は厳しかった。

「コンビニ誌もスポーツ新聞も全部ダメにしてました。一度、雑誌に出ちゃったときはもうブチ切れて『ふざけんな！』ってマネージャーに電話しちゃいましたね」

それは、家族への〝バレ〟を気にしてのことだ。

「だって、世の中には正直に言わなくてもいいことってあるじゃないですか。『ＡＶやってる』って言って『そうなんだ、頑張ってね』となるとは思えない。たぶんうちのパパはボコボコにわたしを殴って『勘当だ！』って言うタイプだし、ママは鬱《うつ》病になっちゃうようなタイプだし。弟はもしかしたら知ってるかもしれないけど……そういうことは直接言えないタイプなんですよ。だから、家族には一度もＡＶのことは話したことはありません」

当時、泉麻那は同居していた家族に対して『チャットレディの仕事をしている』と言っていた。

「『エッチの話は全然なくて、おじさんの相談に乗ったりとかしてる』って説明しました。そしたら、『あんたはしゃべるの得意だし、人気出そうだね』って言われましたよ。だから『超人気なんだよ』って。『月に70万くらい稼いでるから』って話してましたね。だから、泊まりの仕事のときは『ポイント2倍デーでおいしいから、今日は徹夜でやってくる』とか超絶ウソつきまくって」

周囲の友だちは、AVをやっていることをみんな知っていた。

「地元で知らない人はいないってくらいみんな知ってましたね。知らないのは家族だけ、みたいな。でも、それで嫌な思いしたことはないんですよ。よく友だちに絶交されたとか女優さんの話聞くんですけど、一切そういうことはありませんでしたね。むしろ、友だちは『頑張りな』って言ってくれて」

それでもやはり、「AV女優という仕事に誇りを持って堂々とやっています」とは言えなかった。そこには、葛藤《かっとう》もあった。

「仕事は仕事だし、犯罪してるわけではないけど、自分だって親にバレないようにしてたし……誇りを持てる仕事だとはやっぱり思えなかったですね」

もし将来、子どもができたときに娘が「AVやりたい」と言ったらどう対応するのだろうか。

「自分がやってるのに『ダメ』とは言えないですよね。だから、『でも、よく考えな』とは言いますね。タトゥーもそうだけど、『ママがそんなに入れてるのになんでダメなの？』って言われるでしょうね。でも、タトゥー入れたらプールも行けないし温泉もいけない。若いときって好きなものがすぐに変わるじゃないですか。だから、それが本当に絶対に変わらないかよく考えてほしいんですよね。友だちでも、付き合ってた彼氏の名前入れちゃうとかいっぱいいましたよ。『バカだなぁ』って思いましたね」

現役時代には手首にだけ入れていたタトゥーを、ＡＶ引退後はハイペースで全身に入れ進めている。

「ＡＶもタトゥーも、やっぱり偏見があるものなんですよ。それをわかったうえでやってるんです。うちのママも凄いタトゥーが大嫌いなんですよ。『そんなものの良さはわからないし、わかろうとする気もない』って言われました。だからわたしも理解してもらおうという気はないんです。ただこの間、弟がハワイで結婚式をやるというのでみんなで行ったんですよ。そうしたら、外国人って『ナイスタトゥー！』って、凄い言ってくるんですよ。日本の彫師ってめちゃめちゃ細かくてめちゃめちゃ上手だから、外国人が見ると『とても綺麗《きれい》だ』『写真撮らせてくれ』って大騒ぎなんですよ。そうしたらママも、ちょっと嬉しかったみたいなんですよね。ハワイからの帰りに、『あんまりタトゥーにいいイメージなかったけど、少し変わったかも。いや、好きじゃないよ。好きじゃないけどね』って言われたんです。でも、やっぱり嫌いな人がいるのもわかるんです、ＡＶもタトゥーも。でもその人たちにわざわざ『ＡＶはこうじゃなくて、こうなんです！』『嫌わないでください』っていうのもちがうかなと思うんです。別に、『嫌いだ』って言ってる人に好きになってもらわなくても、わかってもらわなくてもいいんじゃないかって気がしますね」

引退を決意した理由

泉麻那は、12年12月に発売された『ｋｉｒａ☆ｋｉｒａ ＢＬＡＣＫ ＧＡＬ ＣＨＡＲＩＳＭＡ黒ギャル☆引退ＳＰＥＣＩＡＬ４時間-ＦＩＮＡＬ ＦＵＣＫ- 泉麻那』（ｋｉｒａ☆ｋｉｒａ）でＡＶ女優を引退する。活動期間は約３年だった。

「もっと長くやってた気がするって、めっちゃ言われますよ。本数が多かったのもあるし、辞めた後も編集盤がいまだに出てるからそういう印象なんでしょうね」

引退の理由はふたつあった。ひとつは、「飽きた」ということ。

「結局、いろんなメーカーで撮ったところで、やることはだいたい一緒じゃないですか。

最初にチューとかして、乳首とか舐めて『ほら、もうこれだけでチンコ勃《た》っちゃった』とか『チンコ舐めてほしい？』とかセリフも同じなんですよ。バリエーションもないし、『代わり映えのしない毎日だな』って思ったら、飽きちゃったんですよね」

そのルックスやキャラクターからギャル物以外の出演はほとんどなかったため、内容も似たようなものになってしまうことはどうしても避けられなかった。泉麻那は、「柄は悪いがノリがよく、セックスには積極的なギャル」という典型的な「ギャル」のキャラクターを常に要求されたのだ。

そしてもうひとつの理由が、当時付き合っていた彼氏だった。

「ＡＶのことは知ったうえで付き合ってたから、納得してくれてたと思ってたんです。でも、じつはずっと嫌だったということをわたしは気づいてなかったんですよね。当時一緒に歩いてても、知らない人にめちゃめちゃ指さされたり、勝手に写真撮られてＳＮＳに上げられたりしたんですよ。『泉麻那、池袋にいた』とか」

それらのことは、彼にとっては辛《つら》いことだったのだ。あるとき、泉麻那と口論になったときに彼は本心をぶちまけてきた。「おまえがＡＶをやっていることが嫌なんだ！」と。彼は続けてこう言った。

「オレの女なのに、凄いエロい目で見られてる。そいつが勝手にひとりでAVを見てるときならしょうがないけど、一緒に歩いてるときにも勝手に写真撮られて。こんなんじゃ、プライベートもクソもねぇだろう」

泉麻那のクラブ通いも気になっていた。

「おまえは『音楽聴きに行ってるだけ』って言うけど、そこにいる男たちは『やりてえ、ワンチャンいけるかも』って寄ってきてるんだよ」

そして、AVの仕事に対しても納得してはいなかったことを告白した。

「おまえのAVのことはわかって付き合ったけど、やっぱり仕事とはいえ好きな女が他の男とやってたら嫌に決まってるだろ。それで『全然OK』だなんて言う男のほうがおかしいだろ?」

その言葉を聞いてからの行動は早かった。

「彼の気持ちを初めてそこで知ったんですよね。ちょうど仕事も飽きてたのもあったから、すぐにマネージャーに『わたし、もう辞めるわ』って電話したんですよ」

思い立ったら、すぐに行動するタイプだ。最初は驚いたマネージャーも、理由を聞くとあっさりと引退を承諾した。

「凄くものわかりのいいマネージャーなんですよね。『わかった。今まで頑張ってくれたもんね、ありがとう。じゃあ、引退まで頑張ろう』って言ってくれて。それで、決まっていた作品と引退作を撮って引退したんですよ」

ギャル系女優の突然の引退は、ＡＶ業界でも話題となった。


——多くのギャル女優たちに慕われた、ギャル女優界のお母さんみたいなあの子…といえば泉麻那ちゃん。ついに年内引退のときがやってきた！　痴黒ギャルが見せるラストファック！（中略）ギャルＡＶ女優の中でもクイーンオブギャルであり続けたのが泉麻那ちゃん。他のギャル系女優さんに取材した時によく言われたのが「麻那ちゃんは本物のギャルだから」。謙遜《けんそん》もあるんでしょうが、たしかに日常とＡＶがまったく地続きなキャラクターはまさに「本物のギャル」。デビュー作のタイトルが『１００人斬り黒ギャル泉麻那』で、そのイメージにちがわぬアッパーかつ攻撃的な痴女ギャルっぷりは数々のＡＶでインパクトを残してきました。そんな彼女もついに引退！

引退作はｋｉｒａ☆ｋｉｒａからのリリース、しかも4時間！　最後ということで慰安の温泉旅行を兼ねながらのファックしまくりの旅。その合間にもちろんラストインタビューも行われます。AVやったことを「ぜんっぜん後悔とかない！」という彼女。「集団もの好きだったなー、女子校っぽくて。その時出会った女優とは今もプライベートで遊ぶから、引退後もその辺は変わらない」のだとか。

（『All About』12年11月30日「さらば黒ギャル女王！　泉麻那引退」より　ライター：大坪《おおつぼ》ケムタ）

しかしその後も現在に至るまで、彼女の出演作の編集盤などが150作品以上発売されているため、まだ泉麻那が現役だと思い込んでいる人も少なくない。

「よく『AV見てます、超応援してます！』とか言われるんですよ。『でも、かなり前に引退してるんだよ』って言うと驚かれたり。まぁ、まだこの名前でイベントに出たりしてるから、辞めたのに、結局辞めきれてない感じはありますね」

AV女優からヘアメイクへ転身

AV女優を引退した泉麻那がヘアメイクに転身したのは、よく出演していたメーカー、

ｋｉｒａ☆ｋｉｒａのプロデューサーとのちょっとした会話がきっかけだった。

「そのときのプロデューサーに、『わたし、引退するの決まったんだよね』って言ったら『その後はなにするの？』って聞かれて。そのときは、本当になにも考えてなかったんですよ。ちょっとしたノリで『じゃあ、メイクやるから使ってよ！』って言ったんです。本気で考えていたわけじゃなくて、単なる思いつきで言っただけなんですけど」

しかし、そのプロデューサーは引退作を撮るまで会うたびに毎回、「麻那ちゃんがメイクやるっていうなら協力するよ」と言ってくれた。引退後、他にやりたいこともなかったし、女優としての経験からメイクがどのようなことをやるのかはよくわかっていた。そしてメイクそのものは好きだった。

そのプロデューサーの口添えもあり、現役時代に仲の良かったヘアメイクに弟子入りすることとなった。

泉麻那は、ＡＶ女優を引退してもＡＶ業界に残ることを選んだのだ。

「やっぱりこの業界が好きだったんですね。みんないい人だったし。わたし、こんなに長く続いた仕事はＡＶが初めてなんですよ。これだけ楽しくやってこられたのはやっぱりそれだけなにかがあったんだろうと思うんです。つまらなかったり、辛かったりしたらとっくに辞めてますよ。女優だって3年も続かないし、その後も業界に残ろうなんて考えない」

手首と足首に入れていたタトゥーの問題もあった。

「やっぱり手首にタトゥーを入れてると、『普通の仕事はちょっとできないかな』って思ったんですよね。でも、仕事のために見た目を変えるのは嫌だった。あと、AVを3年やってたから履歴書にそのこと書くのどうしようかなとか。『AVやってた』って書いていいのかなって（笑）」


そして、ヘアメイクとしての修業がはじまる。

「師匠について修業していたときはノーギャラです。だから貯金を切り崩して生活してました。まぁ、実家だったから家賃はいらなかったので助かりましたね。でも、生活は一気に変えました。それまで買い物行っても好きな物をガバガバ買ってたけど、2カ月に1回だけにしましたから。友だちと遊ぶときも絶対にタクシーは使わずに終電で帰る。朝まで遊ぶなら、始発で帰るとか。でも、そんなに遊ぶ暇はなかったですね。覚えることがいっぱいあるし、メイクの練習もしたいし」

AV女優を辞めてヘアメイクになったことを、彼氏は喜んだ。しかし、ヘアメイクの仕事に集中するようになると、今度は気持ちがすれちがいはじめる。

「彼のことは好きだったんですけど、仕事が忙しくて会えなかった。『疲れちゃったから、今日はもういいや』みたいなことが重なって、結局、別れちゃったんです」

彼の気持ちを優先したいということがAV女優を引退した理由のひとつであったのに、皮肉な結果となってしまった。

この業界では、女優からヘアメイクやADに転向する例も少なくはないのだが、長続きする子となるとなかなかいないのが実情だ。

「現場では女優って中心じゃないですか。お姫様扱いしてもらえるし。それがいきなり、下手に回らなくちゃいけなくなると、プライドが邪魔しちゃう子もいるんですよ」

その点、泉麻那はそれを受け入れることができた。

「師匠に『あんたはこの仕事に向いてる』って言われましたね。全然、気にならない。もうなんでもやりますからね。精子まみれでぐちゃぐちゃになってたり、血がついてたりするパンツも平気で触って洗濯できるし。わたし、そういうことに抵抗ないですから」

修業を終えて、ヘアメイクとして独り立ちして仕事をはじめた当初は、同業者からの反発もあったという。

「プロデューサーとのつながりで、いきなり大きなメーカーふたつの仕事をするようになったわけですよ。でも、その前には他のメイクさんがいたわけじゃないですか。たまたまその人と一緒の現場になったときとか、裏で凄いこと言われてたみたいなんですよね。『もうギャラもらってるなんて早くない？』とか。あと『プロデューサーと寝てるんじゃないか』とかもずいぶん言われましたね。まぁ、しょうがないとも思うんですよ。普通のメイクさんは、学校とか行って頑張って頑張って、今の地位に立ってるわけじゃないですか。それを女優からポンってメイクになって仕事もらってたら、やっぱり気に食わないですよね。でもわたしとしては、後はもう実力をつけていくしかないのかなって」

しかし、しばらくしてバックアップしてくれていたプロデューサーがメーカーを辞めてしまった。

「大変でしたよ。そのプロデューサーの仕事だけで月に10以上の現場があったから、他の仕事は受けられなかったんですよ。それまで声をかけてもらっても断っていたから、もう誘われなくなっちゃってて。マジで病みそうになりましたね。女優やってたときは、まったく病まなかったのに（笑）」

ところが、意外なところから状況が変わっていった。

「そのとき、ＡＩＫＡがバカ売れしたんですよ。そのときにメイクでいつもわたしを指名してくれたんです」

ＡＩＫＡは11年にデビューしたギャル系のＡＶ女優だ。泉麻那と入れ替わるようにギャル系女優として頭角を現し、トップの座についた。ＡＶ女優では珍しくデビューして数年後に人気が高まっていき、16年に『ＤＭＭ．Ｒ18アダルトアワード２０１６』で最優秀女優賞を受賞している。

「ＡＩＫＡはいろいろなメーカーで仕事していたから、それでわたしも仕事先が広がったんです。ＡＩＫＡには感謝してますね」

女優時代のキャラクターもあり、当初はギャル物のメイクばかりやっていたため、それしかできないと思われがちだが、実際は他のジャンルのメイクもやっている。

「お姉さん系もやるし、熟女系もロリも、普通にエロいのも全然やってますよ。でもやっぱりギャルしかできないと思われることが多いので『ロリもできるんだ』とか驚かれることも多いですね」

女優がヘアメイクになるということ

AVというジャンルのヘアメイクとして、元AV女優であったという立場はプラスに働いているのだろうか。

「逆に難しいことのほうが多いかもしれませんね。自分からは女優だったことは言わないです。『（AV）やってたんですよね？』って言われれば『あぁ、やってたやってた』って返すくらい。最初の頃は監督さんとかに、『超売れっ子の、黒ギャルでナンバーワン女優だったメイクさんだからね』とか紹介されるのが嫌でしたね。やっぱり、元女優だと『上から見てるんじゃないか？』って思われがちじゃないですか、先輩だからって。わたしみたいな立場の人間から、『わたしたちの時代はさ』なんて言われたら嫌じゃないですか。わたし、中学も高校も先輩後輩の関わりがそんなになかったんですよ。先輩ヅラするの嫌いだったし、そういうこと一度もしなかった。だから、タメ口で話してくれて構わないし、そういう性格じゃないと、メイクやっていくの難しいと思うんですよね」

女優からメイクに転身した子がうまくいかなかった例も見てきた。

「監督とかとも仲良くしゃべってて、女優さんが椅子に座ってポケッとしてるのに、そっちだけで盛り上がってるみたいなのがあると、女優気分が抜けてないのかなというのは感じましたね」

撮影現場では、主役はあくまでも女優でありメイクが彼女より目立ってしまってはいけないのだ。

そして、AV女優であったことがデメリットに働くこともある。それは、まだ泉麻那が修業中で師匠のアシスタントをしていたときだった。撮影現場で、女優が泉麻那に言った。

「麻那ちゃん、ぶっかけの作品に出ていましたよね？」

「うん。出てた、出てた」

「どうでした？　わたしも今度撮るんですよね」

泉麻那は、素直に当時の感想を述べた。

「もうすげえ臭いし、頭からかけられるからメイク直しもいちいちお風呂《ふろ》入って超大変だったし、わたしはもう二度とやりたくないと思ったな」

すると、その子は監督面接のときに「麻那ちゃんがそういう風に言ってたし、あんまりやりたくない……」と話したというのだ。結局、撮影は行われたのだが、師匠のほうにクレームが入った。

「そのときに、『麻那ちゃんは、もう女優じゃなくて制作サイドのほうの人間になったんだから、そういうことを言っちゃダメだよ』って言われたんですよね。もし女優さんに聞かれても『わかんない』とか『覚えてない』って言わないといけないんだと。でも、やっぱり元女優ということで、相談してくる子も多いんですよ。そのときに、『これは言ってもいいことなのかな』『これはダメかな』って考えないといけないんですよね」

女の子の気持ちがわかる分、悩んでしまうこともある。

「自分もそうだったから『このメイクしたくないよ』って思うのわかるじゃないですか。濃いメイクが好きな子だけど、このメーカーは薄いメイクにしないといけない。『嫌なのわかるよ。あなたは絶対に濃いほうが可愛いし、絶対可愛いと思う。でもね……』みたいに申し訳ないと思いながら薄いメイクするんですよね」

そこには、男性受けするメイクと女性が可愛いと思うメイクのギャップがある。実際にAVを買うのは男性なのだ。ギャル物であっても、今風のギャルではなく男性のイメージするギャルを見せなければならない。

「衣装でも、『え、こんなダサイの？』って思ったり、台本読んでも『こんなこと言わないよ』みたいなことがいっぱい書いてあったりするわけですよ。たとえば、現役のとき今回みたいな取材を受けても、わたしは普通に話してるのに『マジすかー』『なんとかっすか』って、言い回しが〝すかすか〟ばっかりになってるんですよ。コラム書いても、言い回しを変えられたりして。見たり読んだりするのは男性で、その人たちに合わせるためだとはわかっているんですけどね。そして今は、そちら側（制作側）に立たないといけないという難しさはありますね」

撮影では、メイクの時間が女優にとってはリラックスできるひとときでもあり、そこでヘアメイクに正直な気持ちを吐き出すことも多い。

「今の女の子は頑張っちゃう子が多いんで、アソコが痛くても言わなかったりするんですよ。それをわたしが聞いて監督に相談しにいったりすることはありますね」

筆者も、監督としてAVを撮ったりグラビアのディレクションをすることがあるが、そのときは、ヘアメイクはできるだけ女性にするようにしている。他のスタッフが男性ばかりだから、女優の「逃げ場」として女性ヘアメイクが機能するのだ。

「でも、女性のメイクさんは嫌だって子もたまにいるんですよね」

確かに現場に他の女性がいることを嫌う女優もいる。セックスしているところなどを同性に見られることに抵抗があるのだろう。なので、カラミのシーンの撮影では女性ヘアメイクは場を外すことも多い。

いずれにせよ、AVの撮影現場においてヘアメイクの役割は単なる「ヘアメイクをするスタッフ」以上の意味がある。

「わたし自身も、仲のいいメイクさんだったりすると嬉しかったですからね。撮影でちょっとムカつくことがあっても、『好きなスタッフもいるし、まぁ、しょうがないか』って思ったりしてましたから」

AV業界にいたいと思う理由

09年にAV女優としてデビューして3年活動し、12年からはヘアメイクとしてすでに5年のキャリアを積んでいる。泉麻那は、AV業界に都合8年間もいることになる。

「わたしは、あんまりAV業界以外でやりたいというのはないんですよ。声をかけてくれれば、せっかくなのでやるっていうのはありますけど、あくまでもメインはＡＶですね」

自動車イベントにコンパニオンとして出演したり、クラブイベントのゲストで出演したりもしている。

「クラブのイベントって言っても、ＤＪやったり踊ったり歌ったりできるわけじゃないから、ただいるだけなんですけどね（笑）。まぁ、サインしたり写真撮ったり、あとテキーラガールとしてお酒を売ったりはするんですけど。それでたくさんお客さんが来てくれたりして、それなりにいいギャラもらえたりするんですよ」

他の業界を覗《のぞ》いてみたうえでも、やはりＡＶ業界でやっていきたいのだと言う。

「ＰＶ撮影の仕事なんかでも、『メイクやらない？』って言われたりもするんですけど、ＡＶ業界とはいろいろ常識もちがったりするので考えちゃうんですよね。声をかけてもらったからせっかくなのでやったりしますけど、メインはやっぱりＡＶでいきたいんです。なんかＡＶ業界のほうが、人が優しいんですよね」

もちろん、単純にこの業界に慣れているからというのもある。

「あまり新しいところにいくのが好きじゃないんですよ。知り合いがいっぱいいて、身内で固まってるほうがいい。新しいところで慣れるのって、面倒くさいじゃないですか」

なにしろ、すでに8年いる業界なのだ。勝手知ったる居心地の良さはあるだろう。しかし、その8年の間にAV業界も大きく様変わりした。特に変わったのは、AV女優たちの意識だろうか。

「デビュー作の子とかもよくメイクしてるんですけど、肝っ玉がすわってる子が多いですね。わたしがメイクをはじめた頃のデビューの子たちって、本当にやる気なくて、『金だけが目的だな』っていうのが伝わってきたんですよね。『AVで頑張ろう』って気がなかった。でも、最近の子はみんなしっかりしてて、ちゃんと台本読んで『ここはこういう風にすればいいですか？』とか聞いてくるんですよ。勉強熱心で真面目。『売れたい』『有名になりたい』っていうのがはっきりしてるんですよね。わたしなんて、現役の頃は台本なんて全然読まなかったんで、『偉いなぁ』って思ってますよ（笑）」

女優たちの意識が変わっていったのはSNSの影響があるのではないかと考えている。

「わたしの現役のときはブログだけだったし、Twitterはなかったんですよね。今だと女優さんがTwitterで『今日はどこどこの現場です』とか『ランキング何位でした！』とか報告してるじゃないですか。そうなると『わたし、この間この子と一緒に撮ったけど、この子だけまたおかわり（リピート）してもらったの？』とかわかっちゃうじゃないですか。周囲の女優も焦りますよね。それから、フォロー数とか数字がはっきり出ちゃう。ＤＭＭのランキングとかもすぐ見ることができるから順位もわかる。わたしたちのときは、そんなの見れなかったし、知らなかったから」

数値がわかることによって、彼女たちは自ら「頑張ろう」と努力する。それが彼女たちを追い詰めている部分もあるのではないだろうか。

「わたしたちがやってたときも、もちろん仕事は仕事なんだけど、『売れたい』とかは特に考えなかったし、遊びに行く感覚みたいのがどこかにありましたね。だから、今の子のほうが大変だなって気がしちゃいます。みんな、真面目で熱いですよ」

今でも、現役時代に仲良くなった女優たちとは付き合いがある。

「よく黒ギャル会で集まるんですよ。そのときに言うのが『ＡＶやってなかったら、みんなに会えなかったよね』ってことなんです。引退してもいまだにこうやって集まってね。結婚した子もいるし、他の仕事やってる子もいるし、子ども連れてくる子もいるし。ＡＶやったことを後悔してる子は全然いないですね。はじめたときの目的はお金だったけど、やっぱり人ありきなのかな、この仕事が続いているのは」

episode 07

真咲南朋

Nao Masaki

ご本人の意向にて写真は掲載できません

AV女優をやってよかった。もう1回女子大生に戻っても、またAV女優からやります

Profile

まさき・なお●1984年7月24日、神奈川県に生まれる。元来、制作側の人間として業界で働こうと思っていたが、面接時に女優としてスカウトされ2006年に「安藤なつ妃」としてAVデビュー。08年に親友である七瀬かすみ（現・神崎レオナ）とのレズ作品で引退するが、その後すぐに真咲南朋に改名して女優兼AV監督として活動を再開。現在は女優業を引退し、屈指の女性監督として、レズ物や痴女物を中心として多くの作品を手がけている。M男責めの作品でも定評があり、ファンも多い

AV女優から売れっ子AV監督へ

女性のAV監督の第1号だと思われるのが、1987年に『四幻／性』（V&Rプランニング／VCA）を監督したAV女優の高杉《たかすぎ》レイだ。プロモーションビデオ風のパートも含む全4話からなるオムニバスで、主演も高杉レイ自身。というより、実際は名目だけの監督に過ぎなかったようである。

その後も、AV女優が自身の主演作を「監督」する作品はいくつか出ているが、いずれも単発に過ぎず、話題づくりの域を出るものはなかった。

そのなかでも、87年に三上《みかみ》るかが主演・監督した『迷惑陀仏』（シークレット）は、変態女優として名を馳《は》せた三上本人の妄想を映像化したような強烈な内容で今なお伝説となっている。山手線《やまのて》の車内や新宿アルタ前でのフェラ、踏切でのセックスなど、現在ではとても発売不可能な過激な野外露出シーンが連発される異色作だった。

本格的な女性監督となると、90年代初頭にヘアメイクから転身し、20年近くにわたり500本以上の作品を監督した長崎《ながさき》みなみがその元祖的存在となるだろう。当初こそ過激なレイプ物を中心に撮っていたが、90年代後半からドラマ性の高い義母物で大ブレイク。イケメン男優の走りとなる南佳也《みなみよしや》を起用した作品群は、女性ファンからも支持され、その後の女性向けAV市場を切り開いた。

94年にAV女優としてデビューしたFも、95年より監督として活動を開始し、レズ物を中心に約10年間にわたって多数の作品を撮った。女優から監督へ転身し、本格的な活動をした第1号である。

97年に『初めてのKISS』（ソフト・オン・デマンド　以下同）でAV監督としてデビューした菅原《すがわら》ちえは、このときまだ21歳。ソフト・オン・デマンドに入社して1年足らずだったが、その後、『初めてのディープキス』『淫語しようよ』などのシリーズを大ヒットさせ、同社を代表する人気監督となる。07年には、ソフト・オン・デマンドの取締役社長に就任している。

その後も、演劇界でも活躍するペヤンヌマキや、ひたすらレズ物を撮り続けるハルナ、ナンパ物を得意とする駒場《こまば》シェリー、独自の痴女路線を追求する山本《やまもと》わかめ、広報・営業も兼任している鈴木《すずき》リズなどが登場、女性監督は着実に増えている。いずれも男性監督とはちがったアプローチで、それぞれのキャラクター性を打ち出しているのが興味深い。

そうしたなかでも、人気・実力共に女性監督のトップに立っていると言えるのが、真咲南朋である。

AV業界最大のイベントである『AV OPEN』では16年に監督賞を受賞し、17年12月の1カ月に発売された監督作品は、なんと9本。現在、男女問わず最も売れっ子の監督のひとりであることは間違いないだろう。女優からの信頼も厚く、インタビューなどで「撮ってもらいたい監督は?」と聞くと、彼女の名前が挙がることが多い。

真咲南朋も、もともとは女優としてAV業界に足を踏み入れている。06年にデビューした当時の芸名は安藤《あんどう》なつ妃《き》。その後、真咲南朋と改名し08年に監督デビューを果たしている。

女優時代にも100本以上の作品に出演した売れっ子であった。

「最近はわたしが女優だったってことを知らない子(女優)も多いんですよ。そのことを知って、検索とかされて昔の出演作のサンプル動画とか見られると恥ずかしいんですよね。エグいのばっかり出てたから(笑)」

ただし、真咲南朋の場合は女優が監督になったというよりも、もともとは制作志望だった。高収入求人誌に、「モデル以外の仕事もあります」と書いてあったプロダクションに、制作のつもりで応募したのが、この業界に足を踏み入れるきっかけだった。

「いろいろと話しているうちに、『じゃあ宣材写真（資料用のプロフィール写真。上半身ヌードが一般的）撮ろうか』ってことになって、そのままAV女優になっちゃいました（笑）。でも、『自分で撮るにしても、どういうことをやるのかをわかったほうがいいかな』とも思ったので、騙《だま》されたとかそういう感じではなかったんですよ」

最初のAV撮影は、カンパニー松尾《まつお》率いるAVメーカー、ハマジムの仕事だった。

「本当に偶然なんですけど、わたしが『AV撮りたいな』と思ったのはカンパニー松尾さんのハメ撮りを見たというのも大きかったから、嬉《うれ》しかったですね。でも、そのときの監督は松尾さんじゃなくて、弟のアキヒトさんだったんですけどね（笑）」

当時、真咲南朋は女子大生であった。教師になるつもりで教育学部に通っていたという。AV女優の仕事をしながら教育実習にも行っていた。

AV監督に憧れた女子高生

真咲南朋は84年、神奈川生まれ。

「めちゃくちゃ普通の家族ですよ。暗い話はなにもないですね。でも、ちょっとだけ厳しかったかな。大学のときでも門限があったんです。だから、在学中にAVの仕事をはじめてたので、帰るのが遅くなるのがNGでした。撮影でいろいろなハードなことやってたのに、遅くなるのだけがNGという（笑）」

性の目覚めは早く、幼稚園児のときに叔父《おじ》の部屋で裏本『金閣寺』を発見したことがきっかけだった。『金閣寺』は、81年に発売され裏本ブームの火付け役となった1冊だ。ソープ嬢だったと言われる女性のセックスシーンが無修正で掲載され、大きな話題となった。まだヘアすら解禁されていない時代だ。

「女の人もケバくて、モロにハメてるところを写しているじゃないですか。エグかったですよね。でも、怖いとか汚いとかそういう気持ちは全然起こらなくて、むしろ『もっと見てみたい』と思いましたね。その頃からオナニーもしていたから、『これはいやらしいものだな』『興奮できるものだな』という感覚はもうあったような気がします」

真咲南朋の家族では、毎週金曜日の夜にビデオでホラー映画を見ることが恒例行事となっていた。

「お父さんがホラー映画好きだったんですよね。お父さんは厳しくて、映画の途中で退席したり寝たりしちゃいけないんですよ。ちゃんとおとなしくして、最後まで見ないと怒られる。ホラー映画ってB級が多いからお色気シーンも多いじゃないですか。やっぱり妙な空気になるんですけど、それでも家族揃って見なくちゃならない。今考えてみると、お父さんかなり変ですよね（笑）」

そのエロティックなシーンの興奮は、幼い真咲南朋の心に強く焼きついた。

「小学生の頃とか、女の子の友だちを家に呼んで、そのエロいシーンの真似をやったりしてたんですよね、ふたりで裸になって。そのときは、わたしずっと男役なんですよ。今でもオナニーするときは男の気持ちになるんですよね。心のなかで、男言葉を話しながら」

のちにAV女優になったときに、レズのタチ（男役）が得意になるのは、こうした下地があったからなのかもしれない。

「ホラー映画のドキドキする感じって、エロの興奮に近いじゃないですか。あの影響は、わたしにとって非常に大きいと思います」
父親のホラー映画趣味は、彼女に意外な影響を与えてしまったのかもしれない。

初体験は中学校3年生の終わり。相手は、通っていた塾の講師だった。しかも、40代である。

「国語の先生だったんですけど、1年生の頃からずっと好きで、3年生の終わりに告白したんです。ルックスも細くてヒョロヒョロしてるし、授業中に彼女とセックスした話とかするヤバい人だったんですけどね。先生っていっても、女子生徒から憧《あこが》れられることなんて絶対にないようなタイプでした。十数年後に友だちに、その先生と付き合っていた話をしたら絶句されました（笑）」

その先生の自宅で初体験を迎えることになる。

「学校では、処女じゃない風に装ってたんですよね。普段から男の子たちとエロい話ばかりしていて、みんなわたしが処女だとは思ってなかったし、『じつは処女だ』とはもう言えない（笑）。とにかく、『早く処女喪失したい』と思ってました。だから、そのときも慣れてるふりをしてたんですよね。オナニーのし過ぎだったのか、血も出なかったし痛くもなかったから大丈夫でしたよ。向こうも気づかなかったんじゃないかな。初めてだからどうこうって思い入れは全然なかったんですよ。そこが、わたしがいまだに処女物を撮れない理由かもしれない」

しかし、膨れ上がった真咲南朋の好奇心は普通のセックスでは満足できなかった。

「当時『SMスナイパー』（ワイレア出版）とか『投稿ニャンニャン倶楽部』（コアマガジン）なんかを読んでたから、SMとかにも興味あるんですよ。『この女の人は、どうして痛いことされて気持ちいいんだろう？』『泣いて喜ぶってどういうことなんだろう？』『わたしもやってみたい』って思うわけです。その先生もマニアな人だったから、縛ったり写真撮ったりとか、いろいろと体験しましたね。のちにAVでやるようなことは、全部（笑）」

親子ほどの年齢差のある関係だったが、むしろ積極的なのは真咲南朋のほうだった。ふたりの関係は高校2年生の頃まで続いた。

「めちゃくちゃ好きでした。でも、『別に付き合っているわけじゃない』って言われるんです、高2のときに。つまり、『セフレだ』と宣告された。ショックでしたね。人生辞めたくなりましたよ」

その後、2歳年上の先輩と付き合うが、それには「少しは女子高生みたいな付き合いをしてみたい」という、リハビリのような気分があったのだという。

真咲南朋は、その彼とのセックスを録音するという行為をはじめる。それはじつは彼女にとって、AV監督への第一歩となる試みであった。

「その頃にAVに出会うんですよ。周りの男子たちに、AVを見せてもらったんです。初めて見たのが海外のSM物だったんですね。黒ミサの儀式で女を生贄《いけにえ》にするようなマニアックな作品でした。ほら、ずっとホラー映画を見ていたから好きな世界なんですよ。かなり衝撃を受けましたね」

それからは、AVをよく見るようになった。そのなかにカンパニー松尾のハメ撮り作品があった。カンパニー松尾は、88年から現在まで活動しているベテランAV監督である。プライベートな思いを作品に込める私小説的な作風と抜群の映像センスは、その後の多くのAV監督に影響を与えた。そして、AV業界におけるカンパニー松尾の最も大きな功績は、ハメ撮りという撮影手法を完成させたことだった。

監督がビデオカメラを持ち、自ら女性とセックスしながら撮影するという「ハメ撮り」は、80年代末あたりからAVでは実験的に使われはじめていたが、それを生々しいドキュメントの手法として昇華させたのがカンパニー松尾だった。91年からスタートした『私を女優にして下さい』シリーズ（V&Rプランニング）は、出演希望の素人女性の元へ、松尾がひとりで出向いて撮影するというロードムービー的な作品で、ハメ撮りの可能性を大きく広げた。

「他のAVと全然ちがって、カッコよかった。『わたしもこれがやりたい！』と思ったんですけど、ビデオカメラを持ってなかったんです。だから、代わりにカセットテープでセックスしているところを録音するというのにハマったんですよね」

18歳の真咲南朋にとって、そのカセットテープレコーダーは、カンパニー松尾がかまえる8ミリビデオカメラと同じ意味を持っていた。

「AVを撮りたい」

その気持ちは、このときにすでに芽生えていたのだ。

AV女優・安藤なつ妃デビュー

大学に入学した真咲南朋は、ようやく親からアルバイトしてもいいという許可をもらう。塾の講師のアルバイトの傍ら、こっそりと温泉コンパニオンの仕事もはじめていた。そうして貯金したお金で、ついに念願のビデオカメラを購入した。

「そのときに欲しかったものは、まずビデオカメラでした。とにかくAVが撮りたかった。ハメ撮りがしたかったんです」

さっそく彼氏とのセックスを撮影してみる。自分でカメラを構えて彼氏の姿を撮る。「ハメ撮り」ならぬ「ハメられ撮り」だ。

「でも、『彼氏を撮っても、意外に興奮しないな』ということもわかってくるんです。それで、今度はこっちにカメラを向けて自分を撮ってみるんです。そうすると、かなりAVっぽい感じになってきました」

自分を撮りたいというよりも、AVを撮りたいという気持ちが強かった。もし、他に撮らせてくれる女の子がいれば、そっちを撮ったかもしれない。

「だから、自分を可愛く撮りたいとかは一切なかったんです。どれだけエロく撮れるかということが大事でしたから。『手で持って撮るよりも、カメラを置いて撮るほうがエロいな』とか、試していろいろと考えるわけです」

単なる「自分のセックスを撮りたい」という気持ちではなく、作品としてAVをつくりたいという欲望だった。

「1カ月間、自分のオナニーを撮りためた作品をつくったんですよ。大学にカメラを持っていって早朝の図書館でオナニーしたり、保健室とか漫画喫茶とかでオナニーしているのを自分で撮って編集したりして。それを、当時のセフレの誕生日にプレゼントしたんです（笑）」

そしてついに、高収入求人誌に広告の出ていたAV関係のプロダクションに応募して面接を受ける。そこは、モデルプロダクションと同時に小さなAVメーカーも経営している会社だった。制作のアルバイトをするつもりが、なぜかAV女優として活動することとなった。

「大学に入ってヤリマン期があったんですよ。ちょっと自暴自棄になって、とりあえず量をこなそうと思って（笑）。そんなこともあったので、見ず知らずの人とセックスするっていうことにもあまり抵抗もなく、AV女優になれましたね」

安藤なつ妃という芸名がつけられた。当時所属していたプロダクションの社長の初恋の女性にちなんだ名前らしい。ちなみに、「あんドーナッツ」とは関係ない。

初めての仕事は、カンパニー松尾率いるメーカー、ハマジムの作品。松尾の実弟である、アキヒト監督相手のハメ撮りだった。

「普通のハメ撮りだったんですけど、楽しかったですね。自分がよく見ていたハメ撮りのAVの世界そのままでした。でも、その次の作品がお酒飲んで酔っ払ってセックスするみたいな内容だったんですけど、『撮影現場って、こんなに人がいるもんなんだぁ』って驚きましたね。ハメ撮りのことばっかり考えていたからかもしれないけど（笑）」

そして3本目がハードな内容の作品だった。タクシーの後部座席に女性が乗っていると、いきなり男が入り込んできてレイプされるという内容だ。

「マネージャーに『3時間で終わる仕事だから』って言われたんですよね。あと、『アナルもあるから』って。もうすでにアナルは開発済みだったから、『まぁ、いいか』と思って（笑）。それでメイクされて、原宿《はらじゅく》駅に連れてこられて『じゃあ、あの2台目のタクシーに乗ろう』って言われて乗って、『いつ撮影はじまるのかな？』と思ってたら、いきなりドアが開いて男が乗ってきて、めちゃめちゃ殴られたんですよ。顔とかもボコボコにされて。それで山みたいなところに連れて行かれて、ボンネットの上でアナルも犯されて。2月くらいだったからめっちゃ寒かったですね。もう今は絶対にこんなの撮れないですよ（笑）」

聞きようによっては、あまりに悲惨な話なのだが真咲南朋はゲラゲラ笑いながら楽しそうに思い出を語る。

「一昨年くらいに、その監督に久々に会ったときに『あれ、酷《ひど》かったですよ。よく覚えてますよ』って言ったら『いや、あの頃はホント……ああいうのばっかり撮っていて頭おかしかったんだよ』って。酷いですよね（笑）。でもそのときも内心、『臨場感があって凄《すご》いな』『こういう撮り方もあるんだ』って感心していたんですよね。本当に3時間で終わったし」

そんな目に遭いながらも、真咲南朋はＡＶの世界にハマっていく。それはお金のためではなかった。

「プロダクションに、ギャラを半年に一度くらいしか取りに行かなかったんですよ。今思えば、毎回ちゃんともらいに行ってればよかったんですけど、お金目的でこの仕事をやっているとと思いたくなかったんでしょうね。だからたぶん、めっちゃ抜かれたんじゃないかな。半年分貯まってたから『凄い金額だな』と思ったけど、普通に考えたらもっともらえてるはずなんですよね。でも、みんなに『それは取りに行かなかった自分が悪い！』って言われました（笑）」

お金よりも、知らない世界を覗《のぞ》いているという刺激のほうが重要だったのだ。

ＡＶの仕事は楽しかったが、親に対しての罪悪感はあった。

「中学校からお金のかかる学校に入れてもらっていたから、『申し訳ないな……』とは思っていましたね。たぶん、『望んでいた娘の将来とはちがうんだろうな』って」

同居していた親にはＡＶの仕事は隠しとおしていたのだ。そのため門限は守っていた。

「それでも、ときどき撮影が押しちゃう現場ってあるじゃないですか。そうすると怪しまれて『なにやってるの？　そこから写メ送りなさい』って言われるんですよ。友だちにわざわざ送ってもらったのを母親に送ったり、現場にいる女優さんに友だちのふりして電話に出てもらったりとかやってました。悪い子でした。本当に申し訳ないです（笑）」

現役女子大生ＡＶ女優として多忙な日々を過ごしていた「安藤なつ妃」だが、「ＡＶ監督になりたい」という願望は、ますます強いものになっていた。

「女優として出演していても、『こうすればもっといいのに』とか生意気にも思ってましたね。全部女優と男優に任せっきりの監督とかも多くて、『なんのための監督だろうか』なんて怒ったりね。もちろん、実際には言いませんでしたけど（笑）」

女性監督・真咲南朋誕生

真咲南朋は大学を卒業し、呉服屋に就職する。そして、所属していたプロダクションを辞めた。安藤なつ妃も引退となった。08年5月25日に発売された『パンストフェティッシュ Ｖｅｒ．８ キュートなつ妃先生は、ノーパンパンストのエロ女教師 安藤なつ妃』（ＡＶＳ）のパッケージには「安藤なつ妃引退作品」と書かれている。

ところが、真咲南朋はＡＶ女優を引退するつもりはなかった。

「監督になりたかったから、そのとき所属していたプロダクションを辞めたんです。所属しているままだと、なにをやるにもマネージャーをとおさないといけないじゃないですか。お金の部分でも面倒くさいだろうし。だから、『プロダクションにいるままだと、本気で監督やりたいとは見られないだろうな』って考えたんです。でも、女優も辞めたいわけじやなくて、『仕事があるなら並行してやっていきたい』と思っていました」

芸名は、安藤なつ妃から真咲南朋へ改名し、プロダクションには所属せずフリーで活動することにした。もちろん監督としてやっていくためだ。

真咲南朋はプロダクションを辞めた翌日に、もうメーカーへ話しに行っている。安藤なつ妃としてよく仕事をしていたクリスタル映像だ。

「そこの部長さんと仲がよかったんですよ。相談しにいったら、『じゃあ、これで撮れよ』って予算をもらいました」

その月には、もう撮影が決まった。タイトルは『トライアングルレズビアン』。川村《かわむら》れみ、東野愛鈴《とうのえりん》、あすかみみの3人が共演するレズ物だった。

「それは多分、クリスタル映像でも仕事していたFさんがレズ物を得意としていたからじゃないですか。『女性監督ならレズ物だろう』と思ったんでしょうね」

Fは、95年にAV女優からAV監督へと転身した、いわば、真咲南朋の先輩にあたる人物だ。バイセクシャルを公言していたこともあり、その監督作品のほとんどがレズ物であった。

「わたしはバイでもなかったけど、女優としてレズのタチ役が多かったから、『まぁ、そんなものかな』って思いました」

とんとん拍子に真咲南朋の監督デビューは決まった。しかし、その初現場は彼女が予想していたものとはまるでちがう世界だった。

「カメラさんがいて、照明さんがいて、ADがいる。そんな、フルスタッフで撮影する現場だったんですよ。しかも、みんなベテランさんで怖いんですよね。わたしはほら、『ハメ撮りがカッコいい』と思ってたから、少人数のスタッフで、自分でカメラを回したかったんですよね。カメラマンが撮っている映像をモニターで見ながら、『なんかちがうな……』って思っていました。スタッフもベテランさんばかりだから、上手《うま》く自分の意見が伝えられなかったんですよね」

このとき、真咲南朋は24歳。男性の監督でも〝若造〟として甘く見られる年齢だ。それが女性で、しかも女優となれば、ベテランのスタッフたちは〝お飾りの監督〟だと考えただろう。実際にそうした、「女優監督作品」は、たくさんつくられていたのだ。

「撮影が終わってから吐きました。緊張と、自分の撮りたいものが撮れなかった悔しさでゲボー、って」

しかし作品の評判はよく、クリスタル映像で毎月監督作をリリースできることになる。

この、『トライアングルレズビアン』には出演はしていないのだが、パッケージには、真咲南朋の顔写真と「女流監督【真咲南朋】が女性ならではの視点といやらしさで描く濃密レズプレイ」というキャッチコピーが書かれている。女性監督によるレズ作品というのは、セールスポイントになると考えられたのであろう。

女優としても活動していたため、この頃は監督としての仕事でも自分が出演する企画を振られることが多かった。作品のタイトルも、「女監督・真咲南朋の」「ベロフェチ女監督の」「変態監督真咲南朋の」「南朋監督が撮る」など、彼女が撮ること自体を売りにしたものがほとんどである。

「監督やって、女優やって、着物屋もやってたから、めちゃくちゃ忙しかったですよ」

セクシュアリティ研究家である、遥美沙樹《はるかみさき》のオフィシャルサイトに掲載されているふたりの対談で、当時のエピソードが語られている。

真咲：そう、着物屋の休みの日に撮影してたりしてたんだけど、ハード系ばっかり撮ってたんで、油性ペンで……。

遥：あ！　その話!!　聞いた！

真咲：そう、その頃はバレるような要素が多かった。縄痕《あと》とか。制服が着物だったから、袖《そで》から見えちゃう。
遥：あぁ！　それはまずい。
真咲：ある日、お客さんに接客してて、こっちの帯が似合いますよって腕を伸ばしたら……。その腕に油性マジックで『メスブタ！』って書いてあって！（笑）。あっ……てなって、チーフに見られたという……。そのほかにもちょっとずつ会社の人に縄痕とかも見られて、この子一体なにやってるんだろうって、なんか副職してるよねって感じ取られて。
遥：着物だもんねー。
真咲：そう、いちいち着替えるから、みんな更衣室で見てるじゃないですか。だからねー。それと、当時、女優さんたちがめっちゃうちの店に着物を買いに来るので（笑）、それでもバレた。
遥：わー！　それは目立つ（笑）。
真咲：でも会社からは辞めろとは言われなくて、むしろAV辞めてくれればこのままとも言われたんだけど、でも迷惑をかけるしと思って退職したんだけど、その時に女性社員たちから『ラブホでAV観てたよ！　知ってたよ！』って言われて（笑）。みんな知ってたっていう…。

遥：みんな優しい!!

（遥美沙樹オフィシャルサイト「私たちが歩いてきた恋愛とＳＥＸ　ａｃｔ．03」）

監督の仕事も順調に増えていったが、女優の仕事も続けていた。

「『いつかは女優を辞めて監督に専念したい』とは思っていたんですけど、やっぱり楽しくてズルズルやってたんですよね。特にフリーになってから、呼ばれるのがレズの男優枠みたいになってきて、それで楽しくて。男優みたいに1日2現場ハシゴとかやってたんですよ。仕事するのが好きだから、そうやってスケジュールが詰まっているのが楽しかったんです」

作品としてＡＶを撮るということ

10年に真咲南朋はＡＶ女優を引退する。それは、結婚がきっかけだった。相手は仕事をしていたメーカーのアシスタント・プロデューサー。

男優やスタッフが女優に手を出すことはご法度であり、「ＡＶ業界では絶対に許されない」などと言われるが、実際には少なくない。

「めっちゃ、ありますよ。いろいろな話を聞いています。ないわけないじゃないですか（笑）。わたしは、そのスレスレの話が好きなのでそういうテーマの作品も撮ってます」

妊娠をきっかけにそのアシスタント・プロデューサーと結婚することになり、それを機に女優を引退し、監督１本でやっていくことにした。

「ちょうど、監督の仕事も忙しくなってきたところだったんです。子どもが生まれるその月まで監督やってましたね。お腹がめちゃくちゃ大きくなってるのに、現場でモニター見て。もう、妊婦監督ですよ（笑）。女優さんたちがみんな気を遣ってくれるんです。『監督、動かないで！』って。打ち合わせに行くのも一苦労で、大変でしたね」

もともと、結婚願望はなかった。それまで「結婚したい」と思ったことは一度もなかったのだという。

「でも、子どもができて相手はそれを喜んだので、わたしとしては『じゃあ、それでいいか』っていう感じですね」

そこでＡＶ業界から身を引いて、普通の主婦として子どもを育てていくという選択肢もあった。

「産んでから最初の1カ月くらいやってみたんですけど、無理でした。やることがないからDMM（.R18）をずっと見ちゃうんですよ。子どもにおっぱいあげながら見てたんです。『こういうのやりたいな』『現場に戻りたいな』って考えちゃう。子育てだけしているというのが、とにかくダメだったんですよ。なにもしないで家にいるのが我慢できなくて、なぜか占い師になろうかと思い立ってタロットの勉強したり（笑）」

結局、出産後1カ月で監督として業界に復帰することになる。

ここから、監督・真咲南朋の快進撃がはじまる。男性を未知のエクスタシーの世界にまで追い詰めていく痴女的な作品、そして、女優の心の深淵《しんえん》にまで踏み込んでいくレズ作品を次々と生み出していく。

特に、女優同士が格闘でもするように、絡み合いもつれ合っていくレズ作品はAV業界にセンセーションを巻き起こした。作品のなかで女たちは、ときに涙を流し、頬をビンタし、首を絞め合い、そして絶頂へと向かっていく。それは、男性のファンタジーとしてのレズとはまったくちがった生々しいものだった。

10年代以降、AV業界では監督のカラーを前面に出すことがほとんどなくなった。それこそ、パッケージに監督の名前をクレジットしないメーカーも多いくらいだ。そのため、監督の名前で作品を判断するということもない。かつての村西《むらにし》とおるやカンパニー松尾、バクシーシ山下《やました》などのように、業界以外でも名前が知られるような監督もいなくなった。

15年に、AVライターが集まって『AV版アカデミー賞』を決めようという雑誌の企画をやったときに、監督賞は全会一致で真咲南朋となった。というよりも、他の監督の名前はほとんど候補に挙がらなかったのだ。その時点で、個性を打ち出して、それがセールスにつながるという意味では、真咲南朋が唯一の存在だった。そして、女優が最も撮ってもらいたい監督としても真咲南朋がダントツであった。

「それは嬉しいですよね。でも、女優さんや事務所からは『怖い』と思われているんじゃないかなぁ。わたし、精神的に追い詰めて撮るから」

監督が個性を打ち出して撮るとは、つまり、AVを「作品」として考えているということだ。

「それはずっと考えています。今の女優さんって、自分の作品を買ったりするんですよ。わたしも女優の頃、思い出深い作品は買ってたんですね。だから、出演した女優さんが自分でも買いたくなるような、そんな作品を撮りたいという気持ちはあります。今は業界の状況もいろいろ厳しくなってきて、1日に4本も5本も撮らなくちゃいけなかったりするんですよ。もう思い入れもなにもなく、機械的に撮らないと終わらない。そういうのは撮りたくないなと思ってます。だから最近、仕事を選べるような状況になってからは『それはわたしじゃなくてもいいんじゃないか？』という企画は断るようにしてますね」

では、監督としての真咲南朋がAVを撮るときにこだわっているのは、どんなところなのだろうか？

「女優さんが〝流す〟ときがあるんですよ。かたちだけでサラっとやっちゃうような。自分も女優のときに、『これなら今日の現場早く終るな』みたいに思うときがあった。でも、熱意のある監督さんにあたったときは、『自分も一生懸命やらないといけないな』って思いました。だから、女優に流されたら負けだなって考えてます」

もう少し深い表情が見たい、もう少しいつもとちがう反応が見たい。監督としての真咲南朋はしつこく追求する。女優に手抜きをすることを許さない。

「あきらめが悪いんですよ。だから、いつも終わるのが遅くなっちゃうんです。門限があった頃のわたしだったら、それこそNGな監督ですね（笑）」

もう一度やり直すとしても同じ道を歩みたい

それでは、ＡＶ女優であった真咲南朋から見たＡＶ業界とは、どんな世界だったのか。

「わたしはＡＶ女優やってよかった。というか、もう1回女子大生に戻っても、またＡＶ女優からやります。またタクシーでボコボコにされてアナルやられて（笑）。全部、糧になってるんですね。今の監督をやっている自分にも糧になってるし」

もちろん、辛《つら》いと思うような体験もあった。

「一番辛かったのは、30人くらい女の子が乗ってるバスで、言葉と暴力でいじめられるっていう作品です。男にいじめられるのは平気だけど、やっぱり女のいじめはきつかったです。最後、ゼリーまみれにされて、道に捨てられたとき、初めてＡＶ辞めたいと思いましたね。でも、終わると達成感があるんですよ。『あんなのやれる人いないよ。凄いよ！』とか言われると『そうなのか』って思っちゃって。ハードなプレイやると、終わった後の達成感があって、苦しかったことも忘れちゃうんですよ」

これは、過激な作品に好んで出演しているＡＶ女優たちからよく聞く話だ。ＳＭや凌《りよう》辱物などのハードなプレイでは、そのプレイ自体からマゾヒスティックな快感を得ているわけではなく、「やり終えたときの達成感が気持ちがよい」と言うのだ。

「今の女優さんって、『ファンのために頑張る』とか言う子が多いんですけど、わたしの場合はそういうことはまったくありませんでしたね。お金のためでもないし、ただ自分が楽しいからやっていたんですよ。オナニー自撮りしてセフレにプレゼントしたのも、たぶん相手のためじゃないんですよね。一応、誕生日のプレゼントという理由はあったんですけど、それはもう単なる言い訳であって、ただ、自分がそれをつくりたかったんですよね」

AV女優をやっていたのは、「お金のためではない」と真咲南朋は言い切る。それは、前述の半年に一度しかプロダクションにギャラを取りに行かなかったというエピソードからもわかるだろう。


そして現在、監督をやっているのもまたお金のためではない。

「監督業、儲《もう》からないですよ。制作費がどんどん少なくなってますから」

AVの場合、決まった監督料はなく、制作費として渡された金額のなかで実際に制作にかかった費用を抜いた残りが監督の取り分となることが多い。つまり、経費を安くすればするほど儲かるし、経費をかければ利益は少なくなる。そういった事情もあり、1日に何本もまとめて撮るということが増えているのだ。まとめ撮りすれば、女優の出演料やスタジオ代などの経費を抑えることができるのである。

「マイナスになるときとかあるんですよ。スタジオをちょっといいところにしちゃって、それで凄く時間かかっちゃったとか。わたし、けっこう多いんですよ。そういうのヘタなんです」

こだわって撮れば、その分だけ取り分が減ってしまうという世界である。多くの人が考えている「エロは儲かる」というのは、もうずいぶん昔の話だ。

ではなぜ真咲南朋は、この業界に残り続けているのだろうか。

「わたしは、『精神的に裸になれるのがAV業界しかない』と思ってるからここにいるんでしょうね。SMもそうですね。解放されてる気がするんですよ」

真咲南朋が高校生の頃から憧れ、結婚してからも離れることのなかったAV業界。それは、そこに他の業界にはない魅力を感じていたからだ。

しかし、AV業界はかつての輝きを失いつつある。

変貌しつつあるAV業界

16年、AV業界に激震が走った。AV女優が「出演強要された」と訴え、その所属していた大手プロダクションの元社長ら3人が逮捕されたのである。その事件をきっかけに同様の被害を訴える女性が次々とメディアに登場して社会問題となっていった。人権団体などの動きもあり、国もこの問題に取り組みはじめた。

この出演強要問題を受け、業界も自主規制に乗り出した。元AV女優で作家の川奈《かわな》まり子を代表として設立された（川奈は18年3月31日に退任）表現者ネットワーク（AVAN）や、法律家を委員とするAV業界改革推進有識者委員会（現在はAV人権倫理機構）も発足し、業界の健全化についての議論がなされた。

こうした動きの影響により、制作現場ではさまざまな規制が行われるようになった。

「今は、現場で撮影するときにもうひとつ別のカメラで現場そのものを撮っていないといけないんです。『おはようございます』って女優さんが入ってきて、『こういう撮影をします』というのを説明して、『はい、大丈夫ですね。でははじめましょう』って撮影がはじまって、すべて終わって女優さんが帰るまでそのカメラで全部撮り続けているんです」

まるで、監視カメラだ。女優とふたりきりで撮影するハメ撮りにおいてもその監視カメラは置かれるという。なにかあったときに、撮影されていないところで〝強要〟が行われていないという証明をするための〝証拠〟である。この映像もメーカーに納品する。すべてのメーカーで行われているわけではないが、こうした「防止策」を取るメーカーが増えてきている。

「だって、休憩時間もずっとカメラで撮られてるんですよ。そんなの嫌に決まってるじゃないですか」

撮影の合間に「ここだけの話」をしたら、それも記録に残ってしまうわけだ。うかつにメーカーの悪口など言うわけにもいかない。

「今、女の子に『頑張ろうよ』って言っちゃいけないんですよ。その言葉も強要になってしまうので。後で映像にそんなことを言っているのが残ってたら、問題になっちゃうんです」

終始、監視カメラで見張られているとは、ほとんど犯罪者扱いである。

「『エロい仕事だって別に悪いことじゃないよ』って思ってきたのに、なんだか凄く罪悪感を感じなくちゃいけないような扱いになってきているんですよ」

内容に関しても規制が厳しくなってきている。たとえば、未成年をイメージさせるような作品（もちろん出演しているのは18歳以上の女優である）は審査団体の審査をとおりづらくなっている。「身長150センチ未満の小さな女の子」専門の疑似ロリータ専門メーカーだったミニマムも、17年9月でリリースが止まっている。

暴力的な描写も難しくなってきている。

「この間、男の人を刺しながら騎乗位するっていうのを撮ったんですよ。特殊メイクで血みどろになるっていう作品です。めちゃいい感じで撮れたんですけど、審査はとおりませんでしたね。わたしの作品、けっこうダメなことが多いんです」

こんな報道もある。


——業界への取り締まりを強める捜査当局の狙いは何なのか。警視庁の捜査幹部の1人は「最終的な目標は、本番行為そのものを撮影させなくすること。日活ロマンポルノや初期のソフトなAVぐらいの表現のレベルにまで戻したい」と明かす。2020年東京五輪に向けて〝浄化〟を図る狙いも透けてみえる。

（夕刊フジ　17年10月17日号）

今後、東京オリンピックに向けてアダルト業界への規制は厳しくなるだろうと予測されている。ＡＶへの締め付けもさらに激しくなっていくだろう。

「わたしにはあんまり普通のＡＶの話はこないんですよ。みんなが、『それって、やっちゃいけないいんじゃないの？』って言うような企画ばっかり。まぁ、だから審査とおらなかったりもするんですけど、そのスレスレは狙っていきたいなって思ってます」

しかし、今よりもさらに規制が厳しくなってくると、できることも限られてくる。「精神的に裸になれる自由な世界だ」と真咲南朋が魅力を感じていたＡＶ業界とは、ずいぶんと変わってしまうことになる。

「今はＶシネマのほうが自由にできるかもしれないですね。前は、『ずっとＡＶ業界でやっていきたい』って思っていたんですけど、これからもっと規制が厳しくなってきたら、やることもなくなっていってしまうかもしれない。だから、『ＡＶじゃない映像を撮るのもいいのかな』って、最近は考えたりするようになりましたね」

これから先もＡＶ業界は、真咲南朋のようにお金目的じゃなくても、女性が「そこで活動したい」と思うほど魅力的な世界であり続けることはできるのだろうか——。

おわりに

19歳の頃からAV関係の文章を書きはじめ、もう30年以上が経った。数千本のAVを見て、数百人のAV女優にインタビューしてきた。

筆者が仕事をはじめた頃の1980年代とは、AV業界も大きく変化した。なかでも特に変わったのは、AV女優の意識だろう。最近デビューした女優に話を聞くと、「AV女優は可愛い女の子しかなれない職業」だという意識が強い。

現在、AV女優としてプロダクションに登録している女性は6000ほどだと言われているが、その半数以上がほとんど仕事のない状態だ。業界でも名前が知られている女優となると300人程度。一般的に知られている女優となると50人もいないだろう。

つまり女の子たちが、「可愛い女の子しかなれない」と認識しているAV女優は、全体の100分の1の確率で選び抜かれた女の子を指しているわけだ。

以前は、AV女優になるきっかけはスカウトがほとんどを占めていたが、00年代後半から自ら応募してくる子の割合がどんどん増えている。現在は、スカウトよりも応募で業界に入ってきた子のほうが多いだろう。

そうした状況をつくり出した原因としては、本書に登場したみひろと麻美ゆまが在籍した恵比寿マスカッツの存在がある。AV業界の枠を飛び越えて活躍した彼女たちが、下の世代の女の子たちに与えた影響は極めて大きかった。


本書に登場する7人の「元」AV女優は、全員00年代デビュー組である。最も早い笠木忍が00年、最も遅い泉麻那が09年のデビューだ。00年代はAV女優の意識が大きく変わった10年間だとも言える。そしてAV業界が、最もパワーを持っていた10年でもあった。

彼女たちは口を揃えて、「AV女優になったことは後悔していない」と言っている。自分から志願してAV女優になった者もいれば、半ば騙《だま》されるようなかたちでAV女優になった者もいる。しかし、彼女たちは言う。「現在の自分があるのは、あの頃があったからだ。AV女優であった過去もわたし自身の歴史なので、消したいとは思わない」と。

しかし、もちろんそれがすべての「元AV女優」の意見ではない。本書に登場した7人は、今でもなんらかのかたちで当時の名前を使っていたり、隠していないという立場である。これはかなり〝異例〟だ。

ほとんどの「元AV女優」は、現在はその過去を封印して生活している。そんな人にも話を聞きたかったのだが、すべて取材は断られてしまった。

かろうじて、今でも付き合いのある「元AV女優」に匿名を条件に話を聞かせてもらうことができた。

彼女は07年から2年ほどAV女優として活動した。現在は結婚して5歳の娘がいる。

「AV女優をやってたことは、めちゃめちゃ後悔してますよ。一時期は10年前に戻って人生をやり直す妄想をしていたくらいです」

親戚《しんせき》などにもAV女優をやっていたことが知れ渡っていて、法事のときなど辛《つら》いという。

「『みんなで噂しているんだろうな……』と思うと、親戚が集まる場には出にくいですよね。今、実家に戻っているんですけど、近所の人も知っているだろうから顔を合わせられなくて、いずれは引っ越すつもりです」

なによりも気になるのは、子どものことだ。

「これから、子どもに迷惑かけることになるのかなと思うと憂鬱《ゆううつ》ですね。AV女優をやるときは変な覚悟みたいなものがあって、もしそのことで子どもがいじめられるようなことがあっても、『負けないような強い子に育てればいい』なんて思ってたんです（笑）。でも、現実はそんなに甘くないのかなと。親にも申し訳ないです」

子どもの問題は、女優だけではなく、この業界で働く者の共通の悩みでもある。周囲に知られて、子どもがいじめられるということがなかったとしても、ずっと隠し続けるのか、それともいずれかのタイミングで仕事のことを説明するのか——。

真咲南朋の章で触れた女優から監督になったFも、子どもが大きくなったため知られたくないという理由で業界を去った。同じような道を選ぶ業界人は多い。親バレならぬ子バレを心配するのだ。

じつは筆者も同じ悩みを抱えていた。AVを見て原稿を書くだけではなく、制作側にも回って出演もしたり、さまざまな体験ルポを書いたりと、身体を張った仕事が多かったため（さすがに最近は、年齢も年齢なのであまりやっていないが）、職業のことをふたりの子どもにどう説明するべきかは切実な問題だった。

結果的には、いつの間にかに気づいていて理解もしてくれているという幸運な状況となっている。どうやら、筆者のペンネームを知りネットで検索するなどしていたらしい。

そう、現在はネットによる「身バレ」が最も大きな問題となっている。話を聞いた元AV女優も、それを恐れていた。

「やっぱりネットが一番怖いですね。どんなに逃げても、いつまでたってもネットからは逃げられない。検索したら全部わかってしまうから」

本書でも書かれているように、麻美ゆまが病状を公表したとき、そして、みひろが結婚を発表したとき、ネットでは心無い中傷が浴びせられた。なんの関係もない人たちが、（おそらくたいした悪意もなしに）彼女たちを傷つけた。

これもひとつの〝現実〟なのだ。以前のスカウトは、「すぐに消えちゃうものだから、めったにバレないよ」という言葉を囁《ささや》いたようだが、インターネットが普及した今、あらゆるデータは半永久的に残ってしまう。

それをわかったうえでも、決して後悔しないのだという強い決心がないままに女性がこの世界に飛び込むのは、筆者は賛成できない。モラルのハードルが低くなったとはいえ、それだけのリスクがあるということはまだ変わらないのだ。

しかし、それでも本書に登場した7人の「元」AV女優たちが、「あの時期を後悔しない」と言った言葉を信じたいという気持ちもある。

常に新しい表現を求めて切磋琢磨《せっさたくま》していた制作者たち、そこに単なる性欲の処理以上の「なにか」を求めていたユーザー、そして、女性として最も美しい時期のきらめきを余すところなく我々の前に見せてくれた女優たち。

そのすべてを「恥ずかしいもの」「残しておいてはいけないもの」として片付けてしまうのは、あまりにも残念な話である。

だからこそ、「あの10年」に活躍したAV女優たちに会ってみたかった。今、あの頃を振り返って、どう思っているのか聞いてみたかった。

彼女たちが現在立っている場所はさまざまである。今でもAV業界にいる者もいれば、遠く離れた者もいる。AV女優という職業を卒業したのちに、彼女たちはどんな生き方をしてきたのだろう。

そして、会って話を聞いた彼女たちの表情は、例外なく明るく言葉は力強かった。

天気予報の、「雨のち晴れ」「晴れのち雨」という言い回しになぞらえるならば、彼女たちの人生で「AV女優、のち――」に続く言葉はなんなのだろう。
AVに出演したすべての女性が幸せになれていたらいいな、と心から思っている。

2018年6月

安田理央《やすだりお》

安田理央（やすだ・りお）
1967年埼玉県生まれ。ライター、アダルトメディア研究家、漫画原作者。美学校考現学研究室（講師 赤瀬川原平）卒。主にアダルトテーマ全般を中心に執筆。特にエロとデジタルメディアとの関わりに注目している。AV監督としても活動し、2011年にはAV30周年を記念した40社以上のメーカーが参加するプロジェクト「AV30」の監修者を務める。著書に『巨乳の誕生 大きなおっぱいはどう呼ばれてきたのか』『痴女の誕生 アダルトメディアは女性をどう描いてきたのか』（共に太田出版）、『日本縦断フーゾクの旅』（二見書房）、雨宮まみとの共著『エロの敵』（翔泳社）などがある。

編集協力　岩川悟（合同会社スリップストリーム）
写真撮影　渡辺愛理

AV女優《じょゆう》、のち

安田理央《やすだりお》

2018年 6月10日　初版発行
2025年 5月15日　9版発行

発行者　山下直久
発　行　株式会社KADOKAWA
〒102-8177　東京都千代田区富士見2-13-3
電話　0570-002-301（ナビダイヤル）

装丁者　緒方修一（ラーフイン・ワークショップ）
ロゴデザイン　good design company
オビデザイン　Zapp!　白金正之
印刷所　株式会社KADOKAWA
製本所　株式会社KADOKAWA

角川新書

ISBN978-4-04-082177-1 C0295